Genres et rhétorique des discours médiatiques

Language & Cultural Contact • No. 34 • 2004

© 2004, the authors and Aalborg University Press

Cover: Bente Vestergaard
Printed by: J. Tengstedt offset-digitaltryk
Layout: Bente Vestergaard

ISBN: 87-7307-721-6
ISSN: 0908-777x

Distribution:
Aalborg University Press
Niels Jernes Vej 6B
DK-9220 Aalborg Ø

Phone: +45 9635 7140/9635 7141
Fax: +45 9635 0076
E-mail: aauf@forlag.aau.dk
www.forlag.aau.dk

Genres et rhétorique
des discours médiatiques

Textes réunis
et édités par

Jeanne Strunck, Inger Lasse,
Torben Vestergaard

Language & Cultural Contact • No. 34 • 2004
Aalborg University Press

Préface

Le présent volume contient des articles qui proviennent du colloque international La construction d'images et d'idéologies dans le discours des mass-média, organisé à l'Université d'Aalborg, Danemark, en 2002, par le Centre d'Études Discursives dont les recherches sont centrées autour des analyses du discours.

Le colloque s'était proposé de contribuer à une présentation d'approches différentes en analyse du discours et à produire de nouvelles réflexions encourageant la compréhension de la construction d'images publiques et d'idéologies impliquées dans les textes médiatiques. Les thèmes principaux focalisaient sur les discours politique, culturel et commercial, et les discours de la presse imprimée, de la radio, de la télévision et de l'Internet composaient le point de départ des analyses présentées.

Les sept articles sélectionnés pour ce volume représentent des analyses discursives réalisées selon des approches et des méthodes variées en donnant la prépondérance aux notions telles que la polyphonie, la rhétorique, l'argumentation, l'intertextualité et la métaphore. Mais, même si les contributions se différencient au premier abord, les auteurs se réunissent autour d'un aspect qui se montre central pour les analyses du discours des textes médiatiques: les études de genre tant dans les discours oraux que dans les discours écrits.

Les articles du volume sont présentés dans une introduction élaborée par Professeur Catherine Kerbrat-Orecchioni, de l'Université Lumière Lyon 2. Celle-ci insiste sur le fait qu'un ouvrage tel que celui-ci illustre tout l'intérêt qu'il y a, en analyse du discours, à travailler sur des données empiriques, mais aussi à recourir à des approches et à des méthodologies diverses. En ce qui concerne plus précisément les discours médiatiques, elle envisage la problématique des genres dans une perspective à la fois classique, et "révisitée" à la lumière des théories récentes en analyse des discours et des interactions verbales.

Les rédacteurs du volume tiennent à remercier Mme Kerbrat-Orecchioni de son engagement dans la publication du volume. Ils expriment leur reconnaissance envers l'apport de L'Institut de Langues et de Cultures à L'Université d'Aalborg, le travail de la secrétaire Bente Vestergaard et des Presses Universitaires, ainsi que la forte implication des auteurs, sans laquelle ce volume n'aurait pas pu voir le jour.

Aalborg, le 2 décembre 2003
Inger Lassen, Torben Vestergaard, Jeanne Strunck

Introduction

Catherine Kerbrat-Orecchioni

Il arrive que la vie, même professionnelle, nous réserve de bien bonnes surprises.

C'est ainsi que je reçus un jour d'Aalborg un ensemble de textes qui me fit découvrir que dans certains pays "nordiques", il existait des groupes de recherche portant les doux noms de DERO, ScaPoLine, "Centre d'Études Discursives" ou "Le français parlé des médias" ; des gens qui tout en maîtrisant les cadres théoriques fort divers existant aujourd'hui sur le marché de l'analyse du discours, faisaient preuve d'une grande inventivité tant en ce qui concerne les objets de recherche que les façons de les aborder ; des gens enfin qui étaient capables d'écrire, et fort bien, sur ces épineuses questions dans la langue de Molière !

Tantôt rencontrant mes préoccupations actuelles et tantôt me faisant renouer avec d'anciennes amours (comme la métaphore ou l'énonciation), la lecture de ce volume fut pour moi très stimulante, car il aborde des objets nouveaux, croise les perspectives, et constitue un apport original à l'analyse des discours médiatiques. Il m'a inspiré maintes réflexions, que je m'en vais livrer un peu en vrac, en une déambulation toute subjective à travers ce foisonnant ouvrage.

Remarque préliminaire : contrairement à Levinson (1983), qui définit l'analyse du discours sur la base de considérations d'ordre méthodologique (ce qui l'autorise à opposer de manière radicale, et quelque peu artificielle à mon sens, l'"Analyse du discours" à l'"Analyse conversationnelle"), je la définirai personnellement par son objet : tout type de production linguistique, écrite ou orale, excédant les limites de la phrase et dont la construction obéit à certaines règles ou régularités. En ce sens, les conversations étant des formes particulières de discours, leur étude relève bien de l'analyse du discours. Quelle que soit au demeurant la diversité bien réelle des manières d'aborder l'analyse, l'objectif est toujours, en un permanent va et vient entre les données et la théorie, de rendre compte du fonctionnement de discours particuliers tout en élaborant des catégories descriptives appropriées (pour la *Conversation analysis* par exemple, celles de "tour de parole" et d'"unité de construction des tours", de "réparation" ou de "paire adjacente") et en dégageant certaines règles ou principes généraux (comme ceux qui régissent la machinerie d'alternance des tours présentée dans le fameux article "fondateur" de Sacks & al. 1974). Même si l'on peut mettre l'accent plutôt sur les *processus* de construction des discours (comme le fait la CA qui travaillant sur des discours produits en contexte fortement interactif préfère d'ailleurs parler de *co-construction*), ou plutôt sur les règles ou régularités qui sous-tendent cette construction, l'objectif de l'analyse est en tout état de cause toujours de déboucher sur des généralisations pertinentes (faute de quoi l'analyse du discours s'expose à la critique qui fut adressée naguère à certaines pratiques de la discipline qui peut être considérée comme son ancêtre, à savoir la stylistique).

1. Les objets de recherche

Ce qui frappe tout d'abord en parcourant ce volume c'est l'extrême diversité des objets traités par les articles qui s'y trouvent réunis : discours écrits ou oraux, dialogués ou non, associés ou non, et selon des modalités diverses, à des images (nécessitant de ce fait une approche plurisémiotique). Mais tous, ou presque, portent sur des discours produits en contexte médiatique (voir *infra*). Or dans ce domaine, on le sait, la littérature est pléthorique – un ouvrage de plus, donc, sur le discours médiatique ? Mais en y regardant de plus près on découvre l'originalité des objets choisis comme thèmes de l'investigation. Par exemple, quoi de plus rebattu que les émissions de Bernard Pivot ? Mais c'est sous un angle inédit qu'est envisagé un numéro de *Bouillon de culture*, ou plutôt sous deux angles : dans l'article de C. Norén, il s'agit de la façon dont un segment de discours écrit est "représenté"[1] oralement ; or c'est un phénomène négligé jusqu'à présent par les chercheurs, ainsi que le note C. Norén, avec laquelle je suis moins d'accord quand elle affirme que ce phénomène est plutôt "exceptionnel dans la vie courante". Si le DERO est en effet massivement présent dans certains types de discours (médiatiques[2] ou didactiques par exemple), il se rencontre aussi (et c'est d'ailleurs apporter de l'eau à son moulin que de le rappeler) dans les situations les plus ordinaires : on peut lire tout haut à table un article de dictionnaire, dans son salon un passage de journal, dans sa cuisine la recette que l'on entreprend, etc. Il est en fait fréquent que le discours écrit vienne investir l'interaction orale, ce qui implique une "transmutation" du segment cité ainsi que le recours à des procédés spécifiques à cette forme très particulière de polyphonie. De son côté, M. Broth aborde le même corpus dans une perspective toute différente, puisqu'il s'emploie à voir comment le réalisateur procède pour "médiatiser" l'émission, en ajustant prises de vue, plans et cadrages à la dynamique du déroulement de l'interaction de plateau (et en particulier à la gestion de l'alternance des tours de parole). Quant aux autres articles, ils portent sur des objets si "neufs" que l'on a du mal à les étiqueter : "points de presse" (et non

---

[1] Je préférerais personnellement parler de discours "cité", ou "lu".

[2] On trouve par exemple des séquences d'"écrit-lu" dans le corpus de "points de presse" analysé par S. Eason.

conférences de presse) dans l'étude de S. Eason, "vidéos de présentation" de partis politiques dans celle de S. Kolstrup, "communiqués en ligne" dans celle de J. Strunck…

Il va de soi que de telles investigations sont inconcevables sans la constitution préalable d'un corpus approprié à l'objet et aux objectifs de la recherche.

2. Les données

Mettons à part l'article de Nølke, qui est à plus d'un titre "atypique" au sein de ce volume : son objectif est essentiellement théorique (il s'agit de présenter les fondements de la ScaPoLine), cette théorie reposant sur l'analyse d'énoncés "fabriqués" correspondant en fait à des phrases (c'est donc la seule étude qui ne relève pas à proprement parler de l'analyse du discours, même si une extension textuelle de la théorie est envisagée *in fine*). L'étude de Nølke prouve assez combien l'on peut déjà aboutir à des résultats convaincants avec une telle méthodologie ; j'avoue toutefois que mon "intuition" se trouve prise en défaut devant un énoncé "artificiel" envisagé hors énonciation, tel que "Il n'est pas heureusement venu", qui donnerait "l'impression d'être un écho" ; et s'il est sans doute exact qu'"on aura *peut-être parce que* mais guère *peut-être puisque*", la démonstration me semblerait plus convaincante encore si elle s'appuyait sur des données "authentiques". Dès qu'il s'agit de discours en tout cas, on voit mal comment on pourrait s'en passer. Toutes les autres études s'appuient donc sur l'observation d'un "corpus", d'étendue d'ailleurs très variable : cela va d'un court passage d'une émission de télévision (mais extrait d'un corpus en voie de constitution sur "Le français parlé des médias" ambitionnant de couvrir de 50 à 75 heures d'émissions) à l'exploitation d'un "grand corpus" informatisé (plus d'un million de mots) comme le corpus de presse française constitué à Stockholm dit COSTO (1 et 2), en passant par un ensemble à la fois restreint et relativement consistant de discours relevant d'un même "genre" et d'une même situation communicative.

Le recours à des corpus étendus présente l'avantage de permettre la quantification, comme le montrent efficacement les études de G. Von Malmborg et de S. Eason. Mais il soulève aussi ces deux questions qui hantent toute étude quantitative : d'abord, celle de la représentativité du corpus (750 occurrences de métaphores dans *Le Monde* et plus de 1000 dans *L'Express*, ce n'est certes pas rien ; mais peut-on vraiment parler de "langage métaphorique propre au genre journalistique" lorsque ce genre n'est représenté que par deux organes de presse, quatre sortes de rubriques et trois "champs génériques" ?) ; et celui de la solidité des catégories descriptives, car la quantification ne pardonne pas à cet égard — quand on compare par exemple la fréquence des "adverbiaux" dans les "points de presse" que l'on étudie avec celle de ces mêmes adverbiaux dans la "conversation normale" (notion d'ailleurs assez problématique), il faut être bien certain au départ que ce sont les mêmes objets que l'on comptabilise…

Toutes les initiatives d'enrichissement des corpus existants sont en tout cas très bienvenues, s'agissant surtout du français oral : les chercheurs dans ce domaine souffrent cruellement de l'absence d'un quelconque équivalent de la base Frantex (difficile de convaincre nos institutions que notre belle langue existe autrement que sous forme écrite !), ou de ce fabuleux outil qu'est le British National Corpus. Certains s'emploient vaillamment à combler ce retard, non seulement en France[3] mais aussi dans d'autres pays francophones et même non francophones. On ne peut que s'en réjouir, et rêver que ces entreprises dispersées parviennent un jour à se fédérer et à mettre en commun leurs données, afin que l'on puisse enfin avoir une petite idée (toujours incomplète bien sûr) de ce à quoi ressemble le français "dans tous ses états".

3. Théories et méthodes

Comme les objets analysés, les cadres théoriques exploités sont à la fois divers (il est vrai qu'en analyse du discours, on n'a que l'embarras du choix) et originaux : plutôt que de se contenter d'appliquer à leur objet propre un cadre préexistant, la plupart des auteurs préfèrent se "bricoler", à partir d'emprunts aux divers courants de l'AD (au premier rang desquels l'analyse critique du discours selon Fairclough) mais aussi de la pragmatique, de la rhétorique voire de la sémiotique, des outils nouveaux jugés plus satisfaisants. Seul M. Broth se situe délibérément au sein d'un "paradigme" bien précis, celui de l'analyse conversationnelle, mais il cherche en fin de parcours à articuler son investigation sur celle de C. Norén qui travaille dans une tout autre perspective sur le même corpus. Celle-ci de son côté s'emploie non seulement à concilier les principales approches existant à ce jour sur l'argumentation mais aussi, ce qui n'est pas si fréquent dans le champ de l'argumentation, à les appliquer à un discours qui se construit en temps réel et en contexte interactif, cherchant tout à la fois quelles sont les fonctions argumentatives des DERO et comment s'effectue leur insertion dans la conversation. C'est un autre aspect de la théorie d'O. Ducrot que "revisite" H. Nølke, la théorie de la polyphonie, à laquelle il apporte des éclaircissements et enrichissements décisifs. Quant à S. Eason, il s'inspire de la linguistique systématique fonctionnelle de Halliday, mais nourrie de bien d'autres apports (différentes approches énonciatives, investigations diverses menées sur la modalité évaluative, etc.).

Ce n'est donc pas la pieuse allégeance à telle ou telle théorie, ni l'enfermement dans tel ou tel modèle, qui caractérisent les contributions réunies dans ce volume, mais une joyeuse inventivité. Cela ne peut que me réjouir, moi qui ai toujours milité en faveur d'une analyse "pluridimensionnelle"[4] (pour reprendre le terme utilisé par

---

[3] Voir la constitution, à Aix-en-Provence, du "corpus de référence du français parlé", et à Lyon, de la base de données dite "CLAPI" ("Corpus de langues parlées en interaction").

[4] Voir, entre autres, Kerbrat-Orecchioni : "Amultilevel approach in the study of talk-in-interaction" (in *Pragmatics* 7-1, 1997, 1-20).

Introduction 9

C. Norén), et corrélativement, en faveur d'un *éclectisme contrôlé*. Tout modèle est nécessairement réducteur (ce qui n'est grave que si leurs adeptes refusent de l'admettre, affaiblissant par leur radicalité même la cause qu'ils défendent) : non, le sens d'un mot ne se réduit pas à son orientation argumentative ; non, le fonctionnement d'un discours ne peut être ramené à la seule machinerie d'agencement des tours, d'abord parce que tous les discours ne sont pas au même degré "interactifs", tant s'en faut ; ensuite parce que même en cas de discours à fort degré d'interactivité (comme la conversation familière), diverses contraintes s'exercent sur leur construction : contraintes de l'échange mais aussi du canal et du contexte, contraintes cognitives, contraintes strictement linguistiques (le sens des mots, la mise en forme syntaxique etc.), contraintes psycho-socio-culturelles (comme celles du "ménagement des faces"), ainsi que les contraintes de "genres", sur lesquelles je vais revenir — après avoir conclu sur la question des méthodes en disant que cet ouvrage montre avec éloquence combien peut être fructueuse la collaboration, et de différentes perspectives chez un même chercheur, et de différents chercheurs au sein d'une même équipe : c'est du frottement des points de vue que jaillit la lumière !

4. Les genres du discours

La quasi-totalité des études réunies dans ce volume porte sur le(s) discours médiatique(s), que l'on peut considérer comme constituant un "hyper-genre". La problématique des genres — définis comme *des catégories abstraites qui regroupent, sur la base d'un certain nombre de critères, certaines unités empiriques se présentant sous forme de "textes" ou de "discours"* — traverse donc ce volume, et se trouve même logée au coeur de certains articles comme celui de J. Strunck, qui se demande dans quelle mesure ces objets étranges sur lesquels elle se penche, à savoir ces communiqués en ligne sur les sites Web d'entreprises, sont ou non assimilables à ces objets plus anciens et mieux connus que sont les "communiqués de presse". L'apparition de nouvelles technologies de l'information et de la communication (les fameux TIC) et de nouveaux dispositifs médiatiques a en effet fatalement entraîné la constitution de "nouveaux genres", sortes d'OGNI (Objets Génériques Non Identifiés)[5] qui ne peuvent qu'attiser la curiosité des analystes du discours.

Le volume convoque par ailleurs une palette diversifiée de "genres", qui relèvent soit de la presse écrite, soit du média télévisuel ; et plus précisément : de l'écrit (article de G. Von Malmborg sur la métaphore dans le discours journalistique), de l'oral converti en écrit (article de S. Eason sur les "points de presse" effectués par le porte-parole britannique de l'OTAN lors de la campagne au Kosovo de 1999), de l'interaction orale médiatisée (article de M. Broth sur un numéro particulier de l'émission de plateau *Bouillon de culture*), de l'écrit oralisé (étude de C. Norén sur le "DERO" dans

---
[5] Néologisme évidemment formé sur le modèle d'OVNI (Objet Volant Non Identifié).

la même émission), ou d'un support multimédia (étude de S. Kolstrup sur les vidéos de présentation des différents partis en lice pour les élections danoises de 2001).

4.1. Genres et sous-genres

Notons d'abord que la notion de "sous-genre" est ambiguë, pouvant s'envisager soit dans une perspective paradigmatique soit dans une perspective syntagmatique.

(1) *Dans une perspective paradigmatique*, on dira que les genres sont organisés hiérarchiquement, c'est-à-dire qu'ils sont inclus les uns dans les autres, du plus "générique" au plus spécifique : le discours médiatique est ainsi un "hyper-genre" qui domine des "super-genres" comme la presse écrite, l'ensemble des discours radiophoniques, celui des discours télévisuels, ou celui des discours médiatisés par ordinateur ; lesquels dominent eux-mêmes toutes sortes de "genres" et de "sous-genres". Notons au passage qu'un genre tel que l'interview peut se rencontrer aussi bien dans la presse qu'à la radio ou à la télévision, c'est-à-dire que l'on peut considérer "interview" aussi bien comme une catégorie hypo-ordonnée qu'hyper-ordonnée à "journalistique", "radiophonique" ou "télévisé" : c'est le fameux phénomène de la *classification croisée*, cauchemar de tous les typologistes dès lors qu'ils ont affaire non pas à des taxinomies, comme les botanistes ou les zoologistes, mais à des organisations "hybrides" (associant relations hiérarchiques et non hiérarchiques), comme les lexicologues — et les spécialistes de la typologie des discours, qui se heurtent sans cesse à ce problème (pour prendre un autre exemple hors du champ des discours médiatiques : l'axe "échange en face à face *vs* échange téléphonique" est en relation de classification croisée avec l'axe "interaction à caractère privé *vs* professionnel"). Il y a donc toujours plusieurs façons concurrentes de reconstituer l'organisation de l'ensemble, ou d'un sous-ensemble quelconque, des genres discursifs, et l'on ne peut espérer construire jamais le schéma arborescent idéal qui en rendrait compte exhaustivement.

Mais revenons à la question de l'organisation hiérarchique, en reprenant l'exemple des "communiqués" analysés par J. Strunck. Il apparaît que ce champ générique s'organise de la façon suivante : les "communiqués" constituent un "genre" au sein de ce "super-genre" qu'est un site Web, genre qui se subdivise en deux "sous-genres" au moins : les "communiqués de presse" (modèle du genre) et les "communiqués en ligne" (qui s'en inspirent tout en possédant des propriétés spécifiques comme leur caractère interactif d'une part, et d'autre part, fondamentalement "promotionnel"), et qui se subdivisent eux-mêmes en deux "sous-sous genres" : les "communiqués d'image" et les "communiqués d'entreprise".

A propos de ces deux dernières catégories toutefois, J. Strunck remarque que les similitudes l'emportant sur les spécificités, il est peut-être préférable de les mettre "dans le même sac". La question se pose en effet de savoir jusqu'où l'on peut raisonnablement affiner la typologie, étant donné qu'il est possible de spécifier à l'infini les axes classificatoires. En fait, c'est toujours plus ou moins arbitrairement que l'on décide d'accorder le statut de genre ou de sous-genre à tel ensemble de discours, le

problème se posant soit lorsque les similitudes sont trop fortes comme dans le cas précédent, soit lorsqu'on peut au contraire les estimer trop faibles. Deux exemples empruntés aux études de ce volume :
- Le discours médiatique peut-il vraiment être considéré comme un (hyper-)genre ? Tout dépend si l'on se contente ou non de ce critère externe qu'est le caractère "massif" de la diffusion des messages, car il semble bien difficile de trouver des "phénomènes linguistiques particuliers" (C. Norén) qui seraient associés au discours médiatique envisagé tous azimuts ;
- Les vidéos politiques étudiées par S. Kolstrup sont d'après celle-ci trop différentes les unes des autres pour constituer un "genre en soi" ; elles partagent bien toutefois quelques propriétés, comme leur "finalité" — or c'est précisément le critère que certains, comme Bathia (cité par J. Strunck), retient comme étant le plus décisif dans cette affaire.

Nous voici donc renvoyés à la question des critères sur lesquels on peut fonder les distinctions de genre.

(2) Mais auparavant, signalons que d'après S. Kolstrup toujours, non seulement les vidéos en question sont très différentes les unes des autres, mais ce sont aussi des objets composites et hétéroclites, comportant différents ingrédients génériquement hétérogènes (différents "sous-genres" donc, d'un point de vue cette fois *syntagmatique*). De la même manière, dans une "conversation" ou un "entretien" peuvent se succéder plusieurs séquences de statut différent (récit, confidence, blague, dispute, etc.), ce qui n'est pas de nature à simplifier la description.

4.2. G1 et G2

Pour clarifier un peu la situation il peut être utile de rappeler la distinction proposée par certains auteurs, pour les textes écrits, entre deux types d'objets qui peuvent également prétendre au label de "genres". Prenons l'exemple d'un guide touristique : c'est bien un "genre" de texte, mais qui relève de différents "genres" de discours — descriptif, didactique, procédural, promotionnel... On commencera donc par admettre qu'il existe deux sortes de genres, que l'on appellera faute de mieux G1 et G2 :

(1) G1 : catégories de textes plus ou moins institutionnalisées dans une société donnée. Certains, comme Adam (1992), préconisent de réserver le mot "genre" à cette sorte d'objets (en référence à la tradition des "genres littéraires") ; pour l'oral on parle généralement de "types d'interactions" ou d'"événements de communication" (colloques, entretiens d'embauche, interviews, etc.). Ce sont des unités qui relèvent du niveau macrotextuel.

(2) G2 : "types" plus abstraits de discours caractérisés par certains traits de nature rhétorico-pragmatique, ou relevant de leur organisation discursive (pour les interactions orales on parle volontiers de "types d'activités").

C'est sans doute chez Adam que l'on trouve la formulation la plus vigoureuse de cette distinction, ainsi que l'affirmation selon laquelle le véritable niveau pertinent pour une typologie textuelle c'est celui des types et non des genres, les types se localisant au niveau de la séquence et non du texte global : ce sont des "prototypes séquentiels" qui se trouvent à la base de toute composition textuelle, les principaux types étant le récit, la description, l'argumentation et l'explication[6]. Adam signale toutefois que certains auteurs admettent en outre la prescription ou l'optatif, mais on peut aussi penser à des catégories telles que le procédural, le transactionnel, le délibératif, le didactique, le ludique, et bien d'autres "types d'activités" comme la plainte, la confidence, la "vanne", etc. — si cette architecture à deux niveaux est généralement admise, les avis divergent aussi bien en ce qui concerne les unités que l'on peut rencontrer à chaque niveau qu'en ce qui concerne la désignation de ces deux niveaux, les usages pouvant être à cet égard fortement divergents.

Pour en revenir à la question des critères qui fondent les distinctions de genres, comme le rappelle Branca-Rosoff (1999b, 116)[7] :

La notion de genre est une notion biface qui fait correspondre une face interne (le fonctionnement linguistique) avec une face externe (les pratiques socio-signifiantes),

et cela vaut pour les G1 comme pour les G2. Cependant, ces deux "types de genres" n'accordent pas la même importance à ces deux types de critères. D'un manière générale, on dira que les G1 se définissent d'abord par des critères externes (c'est-à-dire relevant du contexte, voir *infra*), alors que les G2 se définissent d'abord pas des critères internes (lesquels se modulent en fonction du contexte) : une argumentation, un récit, une confidence sont reconnaissables comme tels indépendamment des textes ou des événements dans lesquels ils s'inscrivent ; cette identification repose sur différents éléments du matériel linguistique et de l'organisation discursive, comme l'emploi des temps[8], le fonctionnement des déictiques, les types de connecteurs privilégiés, la forme des énoncés et leur organisation séquentielle, la nature des actes de langage et des "routines", etc., ainsi que pour les interactions orales sur certains paramètres spécifiques, comme l'intensité des voix (exemple : dispute *vs* confidence),

---

[6] Laissons de côté le dialogue qui n'est pas du tout pour nous du même niveau que les quatre autres, ne serait-ce que parce qu'un récit ou une argumentation peuvent fort bien se réaliser sur un mode dialogal alors qu'Adam les considère comme des "formes monologales" (1992 : 147).

[7] Voir aussi Branca-Rosoff (1999a) sur la diversité des principes sur lesquels se fondent les principales typologies qui ont été proposées des genres textuels.

[8] Brès (1999) montre ainsi que ces trois genres que sont le "témoignage", le "récit conversationnel" et la "blague" se différencient entre autres par l'usage des formes de présent, de passé composé et d'imparfait.

la longueur des tours de parole, la fréquence des régulateurs ou des chevauchements de parole, etc.[9]

Quant aux G1 (qui nous intéressent principalement ici), s'ils se définissent d'abord sur la base de critères externes, ces facteurs ont évidemment des incidences sur les caractéristiques internes du message, et cela à tous les niveaux, comme le montrent de façon convaincante les études réunies dans ce volume ; ils déterminent en particulier :
- le "script" de l'événement communicatif : voir l'étude de Strunck sur l'organisation séquentielle de ses communiqués en ligne, comparée à celle des communiqués de presse traditionnels et des lettres promotionnelles ; mais cette comparaison est également effectuée sous un autre angle :
- les stratégies discursives et rhétoriques (le problème se posant de savoir quel facteur externe est déterminant à cet égard ; par exemple, la présence massive dans ces communiqués d'un discours de type auto-valorisant, qui les apparente aux "lettres promotionnelles", n'a rien à voir avec le fait qu'il sont produits en ligne, mais tient à ce qu'ils proviennent d'entreprises ayant pour objectif de faire leur auto-promotion).

Les G1 peuvent aussi avoir pour caractéristiques des faits plus spécifiques tels que :
- la métaphore (et secondairement d'autres figures de rhétorique et procédés stylistiques tels que l'hyperbole ou l'antithèse) : voir l'étude de Von Malmborg sur le "langage métaphorique propre au genre journalistique" comparé au discours littéraire ;
- les "adverbiaux" : voir l'étude d'Eason, qui montre que cette catégorie d'unités pragmatiques (par ailleurs fort hétérogènes d'un point de vue grammatical) est à peu près deux fois plus fréquente dans son corpus que dans la conversation ordinaire, et entre trois et quatre fois plus fréquente que dans les discours relevant, d'après la classification de Conrad et Biber, du "registre académique" (à noter que ce corpus étant constitué de "points de presse" et non de "conférences de presse", on va y trouver aussi certains traits caractéristiques d'un registre "informel").

4.3. L'"impureté" générique des textes et des discours

Les G1 sont composés de G2. Il peut certes se faire qu'un G2 soit promu en G1 s'il en vient à se "dilater" de manière à s'étendre sur la macro-structure de l'événement (par exemple : les termes "récit", "négociation", "conseil", "éloge", "explication", etc.,

---

[9] Biber (1994, 35) retient quant à lui : "phonological features (phones, pauses, intonation patterns), tense and aspects markers, pronouns and pro-verbs, questions, nominal forms, passives, dependent clauses, prepositional phrases, adjectives, adverbs, measures of lexical specificity, lexical classes, modals, specialized verb classes, reduced forms and discontinuous structures, coordination, negation, grammatical devices for structuring information, cohesion markers, distribution of given and new information, and speech act types".

peuvent désigner aussi bien des fragments de textes qu'au niveau supérieur, des types de textes constituées de ce seul type de discours). Mais ce cas est plutôt exceptionnel : "la plupart des textes se présentent comme des mélanges de plusieurs types de séquences" (Adam, 1992 : 195), et il en est de même pour les interactions orales.

Reste à savoir ce qu'il convient d'entendre par ce "mélange des genres" — plusieurs choses en fait : ce métissage générique qui affecte, à des degrés divers, les textes et les discours peut là encore être envisagé sous différents angles.

(1) Dans une perspective séquentielle, les G1 se présentent généralement comme une succession ou une imbrication de séquences relevant de différents G2. Par exemple, dans les communiqués étudiés par J. Strunck on voit se succéder "discours de nouvelles" et "discours promotionnel". Semblablement, dans les interactions de vente en petit commerce sur lesquelles nous avons personnellement travaillé, on note parfois la présence, aux côtés du discours transactionnel, de "modules conversationnels", la notion de "module" s'appliquant dès lors qu'il semble possible d'établir une hiérarchie des G2 au sein du G1 (composante obligatoire *vs* facultative, dominante *vs* dominée), cf. Vion (1993 : 149) :

> *On parlera de module conversationnel pour désigner un moment de conversation intervenant à l'intérieur d'une interaction, comme la consultation par exemple, et de conversation, pour désigner une interaction où ce type fonctionnerait de façon "dominante" en définissant le cadre interactif.*

(2) Envisagés dans leur globalité, bien des événements de communication ont en fait un caractère *hybride*, relevant à la fois de plusieurs des catégories inventoriées[10]. Par exemple, à propos de certaines *news interviews*, Heritage & Greatbatch (1989) parlent de "*quasi-conversational institutional talk-in-interaction*" et s'agissant des *talk-shows*, Gregori-Signes (2000) parle de "*quasi-conversational type of face-to-face interaction*" ; de la même manière, dans Charaudeau éd. (1984), il est question d'"interviews à effet d'entretien" *vs* "à effet de conversation", et dans Cosnier et Kerbrat-Orecchioni (1987), de "conversation-discussion à effet d'interview"… (notons que dans ce volume, le dialogue de *Bouillon de culture* est alternativement qualifié de "discussion", d'"entretien", et d'"interview"…)

Les G1 comme les G2 sont typiquement des catégories *floues*, c'est-à-dire que l'on peut toujours définir dans l'abstrait certaines catégories idéales ou prototypiques, mais que les réalisations concrètes de ces unités théoriques vont présenter tous les degrés de conformité/éloignement par rapport aux prototypes ainsi définis.[11]

---

[10] Le caractère hybride d'un genre peut venir se concrétiser dans la création d'un mot-valise, qu'il s'agisse d'un genre de l'écrit ("autofiction", "romanquête"), ou d'un genre de l'oral médiatique (anglais *"infotainment"*).

[11] Pour une application de la notion de "prototype" aux *speech events* et autres *activity types*, voir Glover 1995.

Introduction 15

Cette hybridité est surtout caractéristique des *"genres émergents"*, comme il s'en crée sans cesse au cours de l'évolution de la société et de ses moyens de communication. Ce volume nous en donne un certain nombre d'exemples, comme ces communiqués d'un genre nouveau étudiés par J. Strunck, qui s'inspirent du modèle préexistant des communiqués de presse tout en l'adaptant à la finalité particulière de ces messages ; ou ces sortes de tracts électoraux audiovisuels que l'on "bricole" en s'inspirant de genres mieux établis, comme les clips publicitaires ou autres genres iconiques populaires, ces objets se caractérisant donc par leur intertextualité mais aussi leur "intericonicité" constitutives (on peut aussi parler dans de tels cas d'*intergénéricité*). Ainsi assiste-t-on à l'invention tâtonnante de "nouveaux genres" dont certains n'auront qu'un existence fugace quand d'autres se "fossiliseront" pour devenir des genres "établis".

Pour conclure sur cette question des genres, on dira :

(1) que les genres préexistent à la production du discours. Si M. Broth peut par exemple caractériser comme une "interview" l'émission *Bouillon de culture* qu'il étudie, c'est qu'il existe bien des "règles du genre" préalables à l'accomplissement de cet échange particulier, en vertu desquelles il "reconnaît" comme une interview l'échange en question.[12] Par définition, les genres sont des entités "capables de reproduction" (C.R. Miller, cité par J. Strunck) ; ces entités prototypiques conventionnelles sont intériorisées par les sujets parlants, lesquels sont équipés d'une "compétence générique" faisant partie intégrante de leur compétence communicative globale :

> *Any native speaker [...] has the initial ability to [...] recognize different types of texts. We shall claim that this fundamental ability is part of linguistic competence*[13] *(van Dijk, cité par Adam, 1992 : 5).*

Du point de vue de la production, cette compétence générique est à considérer comme un système de contraintes aussi bien que comme un réservoir de ressources communicatives : elle nous oblige à nous comporter "comme il faut" (comme un vendeur ou un client, un professeur ou un élève), mais en même temps elle nous dit comment faire pour satisfaire aux attentes normatives en vigueur dans la situation et la société concernées. C'est aussi pour les locuteurs un facteur puissant d'économie[14], ainsi que le note Bakthine *(1984 : 285)* :

> *Si les genres de discours n'existaient pas et si nous n'en avions pas la maîtrise, et qu'il nous faille les créer pour la première fois dans le processus de la parole, qu'il nous faille construire chacun de nos énoncés, l'échange verbal serait impossible.*

---

[12] Cette catégorisation ne me semble d'ailleurs pas aussi "évidente" que l'affirme Broth (en la circonstance, le terme d'"entretien médiatique" serait sans doute plus approprié).

[13] Notons qu'ici, l'expression "compétence *linguistique*" est employée au sens large.

[14] Ciliberti (1988, 71) parle à ce sujet de *script-reduction*.

Mais les règles du genre jouent aussi, et à tous les niveaux, un rôle décisif dans le calcul interprétatif qu'opèrent les récepteurs des énoncés qui leur sont soumis, pouvant à l'occasion entraîner des "erreurs de calcul".

(2) Car en même temps qu'ils préexistent, les genres sont en permanence réactualisés, recomposés, et s'agissant de discours produits en contexte interactif, "négociés" par les participants à l'interaction, qui n'ont pas forcément la même conception exactement des "règles du genre". Même si cet aspect n'est pas vraiment abordé dans ce volume, il convient de rappeler qu'il en est de la compétence générique comme des autres compétences individuelles : elles sont destinées à se frotter à celles d'autrui, ce qui peut dans le feu de l'interaction produire quelques étincelles, mais généralement se règle par l'intervention de ces processus adaptatifs que sont les "négociations conversationnelles"[15].

En d'autres termes (ceux de Mayes 2002, 19), les règles du genre comportent à la fois des aspects "schématiques" et "émergents" (et cela même quand il ne s'agit pas d'un "genre émergent") :

> *Another important characteristic of genres is that they have both schematic aspects (i.e., aspects that are predictable based on experience with typified patterns) and emergent aspects (i.e., aspects that change as interaction occurs).*

La même chose peut d'ailleurs être dite de l'ensemble du contexte, dont le genre constitue pour Hymes un des constituants.

5. La question du contexte

Les points de vue sur cette question cruciale sont aujourd'hui très divers, et l'on trouve ici un écho de ces divergences si l'on confronte par exemple le point de vue de J. Strunck (pour qui toute analyse de discours se doit de prendre en compte dès le départ, entre autres, les conditions de la réception du texte et les conventions du genre), et celui de M. Broth (pour qui la situation est intégralement construite par les participants et n'a aucune existence indépendamment des activités qu'ils mènent conjointement).

Les débats portent à la fois sur la nature même du contexte (ce que recouvre cette notion) et sur la façon dont il doit être traité dans l'analyse. Je ferai à ce sujet quelques remarques nécessairement rapides et fatalement superficielles, en commençant par préciser que je me situerai essentiellement au niveau "global" (un texte ou un discours

---

[15] Voir sur cette notion Kerbrat-Orecchioni, 2000 ; et sur le cas particulier des négociations du genre, Kerbrat-Orecchioni & Traverso, 2004 ; ainsi que l'ensemble des textes réunis sous l'intitulé "Les genres de l'oral" sur le site de notre équipe de recherche, adresse : http://icar.univ-lyon2.fr/accueil.htlm.

envisagé dans son entier) et non "local". En effet, un contexte C est toujours contexte *de quelque chose,* et l'on ne saurait spécifier C sans préciser la nature de X dont C est le contexte, Duranti & Goodwin (1992, 3) appelant "événement focal" cet X, dont l'étendue peut être extrêmement variable.

5.1. *Définitions*
Dans la perspective donc du texte global, je définirai le contexte, à la suite de Goffman (1974), comme le "cadre" (*frame*) environnant (*surrounding*) l'ensemble du texte ou de l'événement communicatif X — notons que l'une des difficultés d'une telle réflexion est d'embrasser toutes sortes de discours dont le fonctionnement à cet égard est bien différent d'un type à l'autre (il est par exemple évident que la frontière entre texte et contexte est moins problématique à l'écrit qu'à l'oral). C'est du reste ce qui explique que la plupart des modèles proposés en analyse du discours ne sont appropriés qu'à tel ou tel type particulier, par exemple les discours écrits, ou au contraire ceux qui sont produits en contexte interactif ; dissociation bien regrettable, car il est permis de penser que tous les types de discours partagent certains fonctionnements communs.

La définition goffmanienne, fort banale au demeurant, appelle un certain nombre de précisions.

(1) Les ingrédients du contexte doivent être conçus sous la forme de *savoirs des participants* (le contexte, c'est l'ensemble des représentations que les interlocuteurs en ont), or ces représentations ne sont pas forcément partagées par tous les participants à l'échange discursif[16], donc le contexte n'est jamais exactement le même pour tous.

(2) Le contexte est un réservoir d'informations proprement infini, mais seuls certains éléments du "contexte total" sont mobilisés, activés, exploités dans le discours : c'est la notion de *contexte pertinent* (par exemple dans une interaction de vente, le fait que tel participant ait le statut de commerçant ou de client est en général plus pertinent que le fait qu'il ait les yeux bleus ou noirs).

(3) Outre ce contexte "externe" ou "situationnel", il faut envisager lorsqu'on travaille sur des unités plus locales le contexte "interne", qui est désigné diversement selon les perspectives : on parle généralement de "cotexte" en analyse de l'écrit, mais plutôt de "contexte séquentiel" en analyse conversationnelle. Par exemple, nous disent Duranti & Goodwin (1992, 29), la production d'une question crée "a new arena for subsequent action". Dans cette mesure le contexte, loin d'être donné une fois pour toutes, se modifie en permanence au cours du développement de l'événement communicatif, cf. Caron (1983, 154) :

---

[16] Contrairement à la définition proposée par Moeschler (1993, 15) pour qui le contexte est "l'ensemble des propositions mutuellement tenues pour vraies".

A l'écrit, le contexte est encore moins partagé qu'à l'oral, l'hétérogénéité des participants étant entre autres renforcée par le fait qu'un même texte peut traverser les siècles, et être ainsi sans cesse "recontextualisé".

> *Une situation discursive n'est pas une structure stable et permanente, mais elle se construit progressivement, et se transforme avec le temps ; comme dans le jeu, chaque "coup" instaure une situation nouvelle, ou plus exactement une modification plus ou moins radicale de la situation précédente,*

ou Duranti & Goodwin (*ibid.*, 30) :

> *context shapes language and language shapes context*

– le langage (ou plutôt d'ailleurs, le discours[17]) "façonne" le contexte autant que le contexte façonne le langage : c'est là une affirmation qui apparaît aujourd'hui dans la littérature comme un leitmotiv. Elle a le mérite de concilier deux perspectives qui dans leur radicalité sont tout aussi indéfendables l'une que l'autre : la perspective déterministe (le contexte détermine unilatéralement le texte) et la perspective constructiviste (le contexte est entièrement construit par le texte). La vérité est bien évidemment entre les deux : le discours est une activité tout à la fois *conditionnée* (par le contexte) et *transformatrice* (de ce même contexte) ; *donné* à l'ouverture de l'interaction, le contexte est en même temps *construit* par la façon dont celle-ci se déroule. *Définie* d'entrée, la situation est sans cesse *redéfinie* par l'ensemble des événements discursifs.

Donc, le contexte a un caractère dynamique et évolutif. Cela dit, les possibilités de remodelage du contexte par le discours sont d'ampleur variable, et fonction : 1-du type de discours et de situation communicative à laquelle on a affaire (plus ou moins "formelle") ; 2-de la composante contextuelle envisagée (par exemple, le "site" est assurément moins aisément remaniable que la relation interpersonnelle ; les "statuts", tels que "journaliste", sont beaucoup plus stables que les "rôles", tels que "intervieweur/interviewé") ; et 3-du niveau du contexte en question[18] : à propos par exemple de l'entretien d'embauche, Komter (1991), après avoir rappelé que tout énoncé est à la fois *context shaped* et *context renewing*, ajoute opportunément que le "renouvellement du contexte" n'est pas également possible à tous les niveaux ; au niveau global, reconnaît-elle, il ne faut pas surestimer le pouvoir du langage : le scénario est, pour l'essentiel, fixe, comme l'est le rapport de places ; au niveau local en revanche, les participants disposent d'une marge d'improvisation qui leur permet dans une certaine mesure de faire bouger les données contextuelles. On pourrait en dire autant des interactions médiatiques, dont le déroulement est fortement contraint par un "format" prédéterminé, et obéit à un cahier des charges généralement explicite et connu de tous les participants (à propos par exemple des *talk shows*, le sociologue Philippe

---

[17] C'est une constante dans la littérature conversationnelle que de confondre "langage/langue" (notions déjà confondues par la langue anglaise !) et "discours" (par exemple lorsqu'elle affirme que le langage "se déroule dans le temps" ou qu'il est "un phénomène interactif", voir le sous-titre de l'ouvrage édité par Duranti & Goodwin : *Language as an interactive phenomenon*).

[18] Sans doute faudrait-il ajouter à cette liste le type de société où se déroule l'échange (société plus ou moins "rigide" ou au contraire "fluide", voir Kerbrat-Orecchioni 1994, 107 sqq.).

Breton a bien montré à quel point le discours comme les rôles étaient dépendants du dispositif et du script de l'émission).

5.2. La place du contexte dans la description

Il découle de ce qui précède que pour être satisfaisante, une description doit partir d'une spécification la plus fine possible des éléments pertinents du contexte (le "cadrage" de l'interaction : nature du site, rôles en présence, but de l'échange, etc.), car ce cadrage externe contraint fortement (sans évidemment les déterminer entièrement) les processus de production/interprétation des énoncés, en créant chez les participants certaines "attentes normatives" ; puis de voir comment ces éléments sont "activés" (ou "mis en branle") dans le discours lui-même ; comment les attentes préalables des participants peuvent être satisfaites mais aussi déçues, et comment ils peuvent être amenés à "renégocier" les caractéristiques de l'interaction (ce que G. Aston appelle son "schema") :

> *The schema provides initial presuppositions and expectations, but through the discursive process its instantiation may be modified and renegotiated on a bottom-up basis.*

En d'autres termes, il s'agit là encore de concilier les deux façons d'aborder les données discursives, qu'Aston (1998, 26) appelle respectivement *top-down* et *bottom-up* — en gros : l'approche "top-down" part des traits situationnels pour décrire ce qui se passe dans l'interaction, tandis que l'approche "bottom-up" cherche à reconstituer les caractéristiques de l'événement à partir de ce qui en est "manifesté" dans le texte même de l'interaction. Les caractéristiques externes ne sont en effet, dans cette deuxième perspective, à prendre en considération que dans la mesure où elles sont en quelque sorte "internalisées" sous une forme ou sous une autre (celle par exemple de ce que Gumperz appelle les "indices de contextualisation").

Il me semble personnellement que l'attitude préconisant d'éviter de recourir à toute considération externe (attitude qui n'est pas sans rappeler le bon vieux temps où triomphait en analyse textuelle le dogme de l'"immanence", dont on a bien vu par la suite les limites) est à la fois artificielle et réductrice.[19] D'abord, elle entre en contradiction avec l'affirmation selon laquelle la description doit être effectuée "du

---

[19] Réductrice est aussi l'attitude consistant à ne prendre en considération que ce qui est "traité" dans l'interaction ; c'est-à-dire que je ne souscris pas à l'affirmation de M. Broth selon laquelle "c'est la réparation qui définit rétrospectivement la faute", et qu'on ne peut parler de "faute" que lorsque "quelqu'un traite cette action comme fautive". De même que certains faits sont "vus mais non remarqués", d'autres sont "remarqués mais non traités", comme ces lapsus qui ne déclenchent aucune réparation de la part du locuteur ni aucune réaction de la part de l'auditeur, mais qui n'en ont pas moins certains effets interactionnels non négligeables, par exemple sur la construction de l'image du locuteur (son "ethos") (voir par exemple Goffman 1981, chap. 5, "Radio talk").

point de vue des membres" : lorsqu'ils pénètrent dans un magasin ou une salle de classe, ou lorsqu'ils participent à une émission télévisuelle, les membres en question ont bien quelque représentation a priori du type d'événement dans lequel ils se trouvent engagés (que les caractéristiques matérielles du site se chargent si besoin est de lui rappeler) et des conventions correspondantes. En se privant de telles informations, l'analyste risque bien de se rendre impuissant à analyser correctement ce qui se passe. Il n'a certes pas toujours accès aux données contextuelles pertinentes, à défaut desquelles il doit bien se contenter des "traces" du contexte qui se trouvent inscrites dans le texte. Ce qui ne veut pas dire pour autant qu'il se passe complètement d'informations préalables : elles vont nécessairement être réinjectées dans le processus d'interprétation. Si je ne sais pas *a priori* (ou feins de ne pas savoir) que X est professeur ou commerçant, mais que je constate par son comportement manifesté qu'il "fait le prof" ou qu'il "fait le commerçant", cette interprétation sera bien fondée sur la connaissance que j'ai de certaines corrélations préexistantes entre tel type de statut ou de rôle et tel type de comportement interactionnel. D'autre part, l'effet interactionnel produit par ce "faire" ne sera pas du tout de même nature selon que celui qui "fait le prof" est véritablement professeur, ou s'il s'agit d'un étudiant jouant au professeur.[20] Tout cela pour dire que le véritable lieu de l'investigation en analyse du discours se trouve *à l'interface entre les données externes et les fonctionnements internes*, et qu'aucune interprétation d'un discours quelconque ne peut être satisfaisante, qui ne replace pas les événements discursifs dans leur cadre contextuel. S'agissant par exemple des interactions médiatiques, on s'expose à de gros problèmes d'interprétation si l'on ne tient pas compte de l'existence d'une "audience", dont il n'y a généralement pas de traces explicites dans le texte de l'interaction[21], mais qui pourtant "surdétermine" l'ensemble de son fonctionnement, comme on le verra sous peu.

5.3. Les composantes du contexte

Elles sont le plus souvent envisagées à partir du modèle SPEAKING de Hymes diversement aménagé. Sans reprendre dans le détail les différents ingrédients qui le composent, je rappellerai simplement que tous correspondent à des éléments qui préexistent à l'interaction même s'ils sont susceptibles d'être remaniés, dans des proportions d'ailleurs

---

[20] Voir chez Garfinkel les expériences de "breaching" et chez Goffman, les notions de "ruptures de cadre" et d'"identité frauduleuse" ; voir aussi la fascinante figure de "l'imposteur", défini comme quelqu'un dont le "faire" ne s'appuie pas sur un "être" qui le légitime.

[21] On peut toutefois la déceler indirectement grâce à l'application des maximes de Grice (principes de pertinence, ou d'informativité dans ces débuts d'interviews : "Monsieur Machin, vous êtes né en 1957, après des études brillantes à la Sorbonne vous êtes partis découvrir l'Afrique…" qui sont bien évidemment destinés principalement aux auditeurs : le "trope communicationnel" fonctionne ici à plein).

variables, en cours de route[22] : le site (*setting*), les "participants", les "buts" (*ends*), les "instrumentalités" (ou "ressources", parmi lesquelles la "langue", dont on peut difficilement affirmer qu'elle est réinventée à chaque occurrence de discours), les "normes" (qui vont susciter chez les participants certaines "attentes normatives", selon l'expression aujourd'hui consacrée), ou le "genre", ainsi qu'on l'a vu précédemment. Mais c'est uniquement l'un de ces ingrédients qui va m'intéresser maintenant, à savoir les "participants" (ou plutôt ce que l'on appelle aujourd'hui, à la suite de Goffman, le *format participatif*), à propos duquel je ferai deux remarques.

(1) Les discours médiatiques se caractérisent d'une manière générale par la complexité de leur dispositif énonciatif. L'émission *Bouillon de culture* en fournit un bel exemple, puisqu'on voit s'y emboîter plusieurs circuits interactifs aux propriétés très différentes : entre les deux acteurs présents sur le plateau (interaction "dilogale" réciproque mais dissymétrique du point de vue des rôles interactionnels) ; entre les différents membres de l'équipe technique, réalisateur et cadreurs (interactions dont M. Broth vient, nous dit-il, d'entreprendre l'étude) ; entre le plateau et la régie (interaction d'un type très spécial — elle ne comporte pas d'échange verbal et l'accès visuel est à sens unique — qui constitue le lieu propre de l'investigation menée pas Broth dans ce volume) ; *last but not least*, les interactions, "médiatisées" par l'équipe de réalisation, entre le plateau et l'"audience", interactions dissymétriques qui fonctionnent sur le mode du "trope communicationnel" (Kerbrat-Orecchioni 1986, 131-137 ; 1990, 92-98). Ce procédé, qui caractérise surtout le fonctionnement du dialogue théâtral ou cinématographique, se rencontre aussi fréquemment dans les émissions radiophoniques ou télévisuelles : sans être directement adressé, le public constitue pourtant le destinataire principal du discours produit, lequel ne peut être interprété qu'en tenant compte du caractère "biaisé" du dispositif communicatif. A un premier niveau, on a en effet affaire à une sorte de conversation entre deux personnes qui se questionnent, se flattent, se disputent… ; mais ce tableau est en fait en trompe-l'œil : de même qu'un destinataire peut en cacher un autre, un but peut en cacher un autre. Quel est donc le but principal de Bernard Pivot dans une émission comme celle-ci ? D'abord, de nous donner envie de lire François Nourrissier (de nous mettre l'eau à la bouche par la lecture de "morceaux choisis", ces DERO dont les différentes fonctions argumentatives sont fort bien dégagées par C. Norén) ; mais aussi de valoriser son émission auprès des téléspectateurs en faisant "mousser" son invité (voyez comme c'est un génie, et comme il mérite d'être sur ce plateau !), d'abord directement par toutes sortes de compliments ("superbe!"), auxquels Nourrissier réagit comme il se doit par la stratégie "préférée" du *down-grading* ("oui c'est pas mal", "c'est pas venu comme j'espérais", et pourtant je travaille beaucoup ! : application très canonique"

---

[22] La composante *Acts* est à mettre à part, puisque les actes relèvent du contexte interne (ou "séquentiel") et non du contexte situationnel ; quant à la "tonalité" (*key*), on peut se demander si sa présence dans l'astucieux acronyme proposé par Hymes ne se justifie pas surtout par les nécessités du jeu de mots…

de la "loi de modestie"[23]) ; mais aussi indirectement à travers le pseudo-reproche "vous vous plaignez" : même le petit jeu du "vous vous plaignez — non je ne me plains pas" s'inscrit dans cette stratégie de l'éloge/rabaissement de l'éloge (dans "quand on est capable d'écrire comme cela on ne se plaint pas", l'accent est davantage mis sur la splendeur de l'écriture que sur la plainte, d'ailleurs qualifiée d'"élégante", "brillante", pleine de "panache") ; et c'est bien du genre "dithyrambe" (associé à une sorte de rituel consolateur) que relève l'ensemble du discours de Pivot. Son objectif n'est surtout pas de se "disputer" avec son invité, ni d'entretenir avec lui une relation conflictuelle : il le titille bien sûr, le houspille et l'asticote pour le faire parler (c'est son rôle), mais si "dispute" il y a c'est encore une fois une dispute en trompe-l'œil ; ce n'est donc pas seulement l'accord final qui est ici "mis en scène", c'est aussi le désaccord passager, qui apparaît, si on le resitue dans son contexte médiatique, comme un pseudo-désaccord.

(2) En tout état de cause, le format participatif définit des instances énonciatives en chair et en os, qui relèvent du niveau *dialogal*, mais on sait que les locuteurs peuvent convoquer en outre dans leur discours toutes sortes de voix qui relèvent cette fois du niveau *dialogique*. A ce sujet je ne puis que saluer la contribution de ce volume à la réflexion sur le dialogisme, la polyphonie, et l'intertextualité (voire l'intericonicité et l'"intergénéricité"), questions sur lesquelles il apporte un certain nombre d'éclairages originaux — au premier rang desquels la théorie de la ScaPoLine, qui constitue un approfondissement décisif de la théorie de Ducrot, avec toutefois quelques problèmes qui demeurent pour moi non résolus. Il est par exemple tenu pour acquis que toutes les phrases négatives et seules les phrases négatives sont polyphoniques, la phrase "Il fait chaud" ne pouvant être que monophonique. Mais outre qu'elle va à l'encontre de la loi d'informativité (pour que cette phrase ne soit pas un "truisme", il faut admettre qu'elle s'énonce contre l'énoncé virtuel opposé), cette affirmation fait bon marché des emplois ironiques d'une telle phrase, emplois dont on ne peut dire qu'ils relèvent du discours et non de la langue qu'à la condition d'éliminer de la langue les marqueurs intonatifs (mais d'une manière générale, la ScaPoLine travaille surtout sur l'écrit, or la question de la polyphonie se formule en des termes sensiblement différents à l'oral).

La même idée est reprise par S. Kolstrup, qui par ailleurs développe et illustre l'idée intéressante que la polyphonie peut parfois être un piège, puisque tous les partis politiques engagés dans la campagne qu'elle étudie sont obligés de "se positionner par rapport aux discours populaires", or en s'y référant, même sur un mode polémique, ne

---

[23] Sur le compliment et les réactions au compliment voir Kerbrat-Orecchioni (1994, chapitre 5), ainsi que la thèse de Kristel Barbe, *La loi de modestie dans les interactions verbales*, Lyon, 1999.

Reconnaître dans l'attitude de Nourrissier les formes les plus stéréotypées de réaction aux compliments, ce n'est évidemment pas mettre en cause la sincérité de son "masochisme".

risque-t-on pas de contribuer à leur promotion en reconnaissant leur force et leur impact ?

6. Où l'on croise en fin de parcours la question de l'idéologie…

C'est une banalité que d'affirmer que tout discours est nécessairement "orienté" (argumentativement, idéologiquement), mais c'est particulièrement vrai dans le cas de la plupart de ceux qui font l'objet de ce volume, car ils ont ouvertement une visée persuasive — qu'il s'agisse de ces clips électoraux dont S. Kolstrup nous montre qu'ils s'apparentent fortement à des clips publicitaires ; de ces communiqués en ligne étudiés par J. Strunck, qui ont pour fonction principale de faire la promotion d'une entreprise en en "donnant une image positive" ; ou de ces "points de presse" analysés par S. Eason, dont le rôle est avant tout de légitimer l'intervention de l'OTAN au Kosovo auprès de l'opinion publique, *via* les journalistes qu'il faut d'abord "mettre dans sa poche". Les procédés linguistiques et rhétorico-discursifs qui sont mis au service de cette visée persuasive peuvent être de nature fort diverse, et ils sont fort bien décortiqués dans les articles mentionnés : surabondance des évaluatifs positifs, exploitation des modalisateurs et autres marqueurs d'"évidentialité", procédés rhétoriques tels que la figure de répétition (on "enfonce le clou"), sans parler du choix des mots (comme celui de "propagande"), ces mots dont A. Finkielkraut nous dit (à propos de l'exemple du couple "génocide"[24] *vs* "holocauste") :

> *Il n'est pas de conflit d'intérêt ou de puissance qui ne soit aussi une bataille pour la dénomination. L'issue des luttes dépend du nom dont on consacre les choses : dicter sa loi, c'est imposer son vocabulaire, et, à l'inverse, imposer son vocabulaire à l'opinion c'est prendre une option sur la victoire.*[25]

Mais le risque est alors que l'idéologie, que l'on cherche à débusquer dans les discours analysés, vienne investir le discours de l'analyste. C'est ainsi que le commentaire de S. Eason se trouve lui-même plombé de quelques "idéologèmes" ("l'idée du caractère inéluctable de l'action au Kosovo, idée qui se trouve étroitement mêlée à l'idéologie néo-capitaliste de la mondialisation") qui viennent confirmer l'impression produite par la façon un peu cavalière (quoique factuellement juste) dont il résume en introduction

---

[24] A propos de "génocide", rappelons les pressions exercées sur le Conseil de Sécurité, en avril 1997, par les États-Unis (qui venaient d'être échaudés par leurs déboires en Somalie), afin d'éviter l'emploi de ce terme dans les résolutions de l'ONU, car il impliquait la nécessité d'une intervention militaire. Exemple très concret du pouvoir des mots…

[25] *L'avenir d'une négation. Réflexion sur la question du génocide*, Paris : Seuil, p.139.
En sinistre écho à cette affirmation, citons ces déclarations de Bruno Gollnisch : "La bataille politique est une bataille sémantique" et de Bruno Mégret : "Nous prétendons mener la bataille du vocabulaire".

le contexte des "opérations médiatiques de l'OTAN" ("cette campagne [...] visait à mettre un terme à l'activité militaire au Kosovo" — mais quelle activité militaire au juste ?)

Rappelons d'abord à ce propos que soumettre à l'analyse un discours quelconque, c'est *ipso facto* le mettre à distance, donc adopter une posture de non-adhésion — c'est ainsi que je me suis vue jadis (c'était à la fin des années 80) accuser de pratiquer une linguistique "anticommuniste", parce que j'avais le front dans *L'implicite* d'emprunter au discours du PCF certains exemples de maniement "stratégique" des présupposés et des sous-entendus.[26] Il est de fait que l'on préfère généralement soumettre à l'épreuve de l'analyse, plutôt que le sien, le discours de l'autre (lors d'un récent colloque à Caracas, j'ai pu remarquer que systématiquement, le discours d'Hugo Chavez était analysé, très scientifiquement bien sûr, par des chercheurs plutôt hostiles, et celui de l'opposition, tout aussi scientifiquement, par des partisans du Président). Or de la non-adhésion à la dénonciation il n'y a qu'un pas, que l'on peut certes décider délibérément de franchir (en assumant la dimension "critique" de l'analyse du discours), mais que l'on franchit aussi parfois à son insu et à son corps défendant. L'un des garde-fous que l'on peut alors se donner est le choix d'une perspective comparative, comme celle que j'avais adoptée dans *L'énonciation* (1980), quand je cherchais à traquer les "marqueurs de subjectivité" dans les compte-rendus journalistiques des deux "procès de Bobigny" (concernant une affaire d'avortement) ; ou celle qu'adopte dans ce volume S. Kolstrup — encore que son étude soit truffée d'évaluations des stratégies exploitées par les différents partis en présence ("discours incohérents", "construction factice", "texte peu clair", "message très confus", "mauvaise procédure", "(trait) génial").[27] Mais sans doute s'agit-il là d'une attitude délibérée, et tout à fait légitime, en particulier si l'analyste du discours accepte, au lieu de se draper dans la posture d'un "pur" chercheur, de se salir les mains en se faisant par exemple, pour le meilleur et pour le pire, "conseiller en communication".

Ainsi, en mettant en lumière l'extrême richesse et productivité dont fait preuve l'analyse du discours, sans dissimuler pour autant ses embûches et ses limites[28], un volume tel que celui-ci constitue-t-il un témoignage précieux de la prodigieuse vitalité qui caractérise aujourd'hui ce champ disciplinaire.

---

[26] Voir J.-P. Kaminker, „Axiologie et sciences du langage. Contribution à l'analyse d'une conjoncture ideologique et scientifique", *La Pensée*, 1987, 1-17.

[27] A noter que le qualificatif "populiste" est intrinsèquement péjoratif, à la différence de "populaire" (le tracé de la frontière entre les discours populaires et populistes étant du reste quelque peu incertain).

[28] Par exemple lorsque S. Kolstrup note pertinemment qu'il est impossible de prévoir quels seront sur le spectateur les effets réels des stratégies déployées, et de savoir si elles seront ou non conformes aux effets escomptés…

Références bibliographiques

Adam, J.-M. (1992), *Les textes : types et prototypes*, Paris, Nathan.
Aston, G. (1988), What's a public service encounter anyway ?, in : *Negotiating Service. Studies in the Discourse of Bookshops Encounters*, Aston, G. (ed.), Bologna, CLUEB, 26-42.
Bakhtine, M. (1984) [1952], Les genres du discours, in : *Esthétique de la création verbale*, Paris, Gallimard, 265-308.
Biber, D. (1994), An analytical framework for register studies, in : *Sociolinguistic Perspective on Register*, Biber, D. & Finegan, E. (eds), New-York/ Oxford, Oxford University Press, 31-55.
Branca-Rosoff, S. (1999a) : "Introduction" au numéro 87 de *Langage & Société* ("Types, modes et genres de discours"), 5-24.
Branca-Rosoff, S. (1999a), Des innovations et des fonctionnements de langue rapportés à des genres, *Langage & Société* 87, 115-129.
Brès, J. (1999), Textualité narrative orale, genres du discours et temps verbal, in : *Le français parlé. Variétés et discours*, Barbéris, J.-M. (éd.), Université Paul Valéry-Montpellier III (Praxiling), 105-133.
Caron, J. (1983), *Les régulations du discours*, Paris, PUF.
Charaudeau, P. (éd.) (1984), *Aspects du discours radiophonique*, Paris, Didier érudition.
Ciliberti, A. (1988), Strategies in service encouters in Italian bookshops, in : *Negotiating Service. Studies in the Discourse of Bookshops Encounters*, Aston, G. (ed.), Bologna, CLUEB, 43-71.
Cosnier, J. & Kerbrat-Orecchioni, C. (éds) (1987), *Décrire la conversation*, Lyon, PUL.
Duranti, A. & Goodwin, C. (1992), *Rethinking Context. Language as an Interactive Phenomenon*, Cambridge, CUP.
Glover, K. (1995), A prototype view of context and linguistic behavior : Context prototypes and talk, *Journal of Pragmatics* 23-2, 137-156.
Goffman, E. (1974), *Frame Analysis*, New York, Harper & Row [trad. 1991 *Les cadres de l'expérience*, Paris, Minuit].
Goffman, E. (1981), *Forms of Talk*, Oxford, Basil Blackwell.
Gregori-Signes, C. (2000), The tabloid talkshow as a quasi-conversational type of face-to-face interaction", *Pragmatics* 10-2, 195-213.
Heritage, J. & Greatbatch, D. (1989), On the institutional character of institutional talk. The case of news interviews, in : *Discourse in professional and everyday culture*, Forstorp, PA (ed.), Linköping, Univ. of Linköping.
Kerbrat-Orecchioni, C. (1980), *L'énonciation*, Paris, A. Colin.
Kerbrat-Orecchioni, C. (1986), *L'implicite*, Paris, A. Colin.
Kerbrat-Orecchioni, C. (1990-1992-1994), *Les interactions verbales*, Paris, A. Colin.
Kerbrat-Orecchioni, C. (1996), Texte et contexte, *Scolia* 6, 39-60.

Kerbrat-Orecchioni, C. (2000), L'analyse des interactions verbales. La notion de "négociation conversationnelle" : défense et illustration, *Lalies* 20 : 63-141.

Kerbrat-Orecchioni, C. & Traverso, V. (2004, à paraître), Types d'interactions et genres de l'oral, *Langages* 150.

Komter, M. (1991), *Conflict and Cooperation in Job Interviews*, Amsterdam/ Philadelphia, John Benjamins.

Levinson, S. (1993), *Pragmatics*, Cambridge, CUP.

Mayes, P. (2002), *Language, Social Structure and Culture*, Amsterdam/ Philadelphia, John Benjamins.

Moeschler, J. (1993), Lexique et pragmatique, *Cahiers de Linguistique Française* 14, 7-35.

Sacks, H., Schegloff, E. & Jefferson, G. (1974), A simplest systematics for the organization of turn-taking for conversation, *Language* 50-4, 696-735.

Vion, R. (1993), *La communication verbale*, Paris, Hachette.

Intertextualité et « vidéos « de présentation des élections

Søren Kolstrup

1. Les partis politiques et les vidéos de présentation

Le 19 août 2002 Karen Jespersen, ancien minstre de l'intérieur, a publié un article dans le quotidien *Politiken* où elle analyse les causes de la défaite du gouvernement social-démocrate lors des élections du 20 novembre 2001. Elle dégage trois domaines où la politique social-démocrate a échoué :

- Les immigrés/réfugiés/étrangers
- Santé/affaires sociales (les hôpitaux, les conditions de vie des personnes âgées)
- Le contact avec les électeurs

Comment en est-elle arrivée à dégager exactement ces trois domaines ? Ce que nous pouvons constater, c'est que le parti libéral avait fait de ces trois domaines les principaux thèmes dans sa « vidéo de présentation ». Ces vidéos jouent un certain rôle dans les campagnes électorales danoises. Chaque parti est présenté aux téléspectateurs dans l'émission « Krydsild » (feu crosé) qui dure 30 minutes, la vidéo est passée cinq minutes après le début de l'émission. Ce sont les partis eux-mêmes qui produisent la vidéo. Lors de la campagne précédant les élections du 20 novembre 2002, les partis ont eu très peu de temps pour les produire puisque le premier ministre Poul Nyrup Rasmussen n'avait publié sa décision que le premier novembre.

Les vidéos présentent ce que les partis considèrent comme le plus important pour gagner les élections. La vidéo est l'image que le parti désire faire passer aux téléspectateurs, les futurs électeurs. Idéologiquemet et pragmatiquement la vidéo est un miroir du parti. Les vidéos forment un espace où le parti cherche à arranger des éléments fort hétérogènes, les vidéos sont donc des textes très ouverts et hétéroclites, mais en même temps il est absolument nécessaire que chaque vidéo se présente comme une unité fortement structurée et très différenciée par rapport aux autres. C'est le problème de la publicité télévisuelle porté à son paroxysme.

Les partis qui se présentaient aux élections du 20 novembre étaient :

EL, Enhedslisten : la liste de l'unité (extrême gauche)
SF, Socialistisk folkeparti: Parti populaire socialiste
Soc., Socialdemokratiet (La social-démocratie = parti socialiste)
Rad., Det radikale venstre: Parti radical
CD, Centrumdemokraterne: Centre démocratique
KF, Kristligt folkeparti: Parti populaire chrétien
K, det Konservative folkeparti: parti populaire conservateur
V, Venstre, Danmarks liberale parti: la « Gauche », Parti libéral du Danemark (anciennement le parti des paysans)
DF, Dansk folkeparti: Parti populaire danois (très nationaliste)
FrP, Fremskridtspartiet : Parti du progrès (extrême droite)

Les élections du 20 novembre ont été une défaite cuisante pour les sociaux-démocrates, qui avaient formé le gouvernement avec les radicaux. Les radicaux ont gagné quelques sièges supplémentaires, CD et FrP ont été éliminé du parlement. Venstre et DF ont remporté des victoires spectaculaires. Le nouveau gouvernement, libéraux et conservateurs, sous la houlette des libéraux a été établi avec l'appui de DF.

2. Discours populaires et populistes

Les discours populaires

Par discours on peut comprendre « un ensemble d'expressions et de notions qui construisent un un thème d'une certaine façon » (Yilmaz, in Hussain 1997, 177). Il faut préciser et élargir la définition de « discours » en ajoutant: « Un ensemble de constructions, d'expressions et de notions qui forment les usages langagiers et qui forment les visions du monde caractérisant une institution ou un groupe et qui donne du sens au monde pour les usagers ».

Par discours populiste je comprends l'utilisation des discours populaires à des fins politiques orientées vers la droite.

Les problèmes de délimitation des discours et leurs relations dans les ordres du discours sont laissés de côté provisoirement. Je renvoie à Jørgensen-Phillips qui recommande d'en faire une notion opératoire (Jørgensen 1999, 148–150). Les discours populistes se distinguent des discours populaires par leur intentionalité. Les discours populistes se servent plus ou moins sciemment des discours populaires dans un but politique. Lesdiscours populaires restent par contre normalement inconscients.

Il est extrêmement difficile de savoir de façon sûre ce qui se dit ou s'écrit au sein de toute une population au sujet des problèmes sociaux. Mais on peut néanmoins essayer de dresser un tableau des discours populaires les plus en vue lors des élections de novembre 2001. Nous les connaissons, cette connaissance est un savoir qui fait partie de notre compétence sociale, mais de là à les décrire et à les analyser de facon scientifique il y a un pas, voir Yilmaz (in Hussain 1997, 178 sqq.) Quant aux études des discours populaires sur nos hôpitaux il n'y en a pas de véritables, l'étude de Karsten Vrangbæk (Vrangbæk 2001, 18 sqq.) pose la question : Pourquoi les listes d'attente dans nos hopitaux sont-elles devenues une question chaude et donc un des thèmes principaux des discours populaires? – mais la question reste sans réponse.

Les innombrables sondages, dont le sondage *Danskernes værdier* (Les valeurs des Danois) 1981-1999, peuvent jeter une lumière ici et là, mais la complexité des discours populaires reste un champ à défricher.

Voici en résumé les discours les plus en vue tels qu'on peut les établir en étudiant les médias après les élections et en regardant le programme politique de DF. Les lignes suivantes sont basées sur l'étude *Danskerne først* (Les Danois d'abord) écrit par David Trads, rédacteur en chef du quotidien *Information*.

- La capacité de nos hôpitaux est insuffisante, les listes d'attente sont trop longues. Les politiciens en parlent, mais ne font rien. (Trads 2002, 95 et 104)

- La vie dans les maisons de retraite est un enfer. L'administration, les services sociaux et médicaux se fichent des conditions physiques et psychiques des vieux. (Trads 2002, p. 95 104).

- Le Danemark est submergé par des étrangers venus pour exploiter notre système social qui pour cette raison ne peut pas nous rendre les services auxquels nous avons droit. Les jeunes immigrés sont (tous) criminels (vols et viols). Les regroupement familiaux nous amènent un nombre d'étrangers toujours croissant. Nous c'est nous, eux c'est eux. Cette description est caricaturale, mais la méfiance est bien concrète – voir Yilmaz in Hussain 97, 200 sqq. et Trads 2002, 39 sqq.

- Tous ces discours tombent sous le chapeau « l'individu (moi) contre le système ». Le système ne pense jamais à moi, ne fait jamais rien pour moi. « Ceux qui sont dans le système » ne pensent qu'à eux. En ce qui concerne les étrangers, les politiciens se fichent de moi. C'est ce que l'on pourrait appeler « le discours de l'intérêt personnel ». Ce discours a été colporté et exposé non seulement par la presse tabloïde, mais aussi par la presse régionale, voire par la presse dite de qualité.

A noter que les problèmes écologiques et la politique de l'environnement font partie de ce discours aussi. La politique écologique du gouvenement social-démocrate est appelée *miljøoverdrivelser* (exagérations environnementales) dans la vidéo de FrP. Et il y a d'autres discours populaires, par example sur le mauvais apprentissage dans nos écoles, mais ce qui a marqué le débat ce sont les quatre discours mentionnés. Même le discours sur l'insécurité a été absorbé par le discours sur les immigrés.

Les discours populistes et le rôle de Pia Kjærsgaard

Les discours sur les hôpitaux, sur les conditions de vie des personnes âgées, sur tous les problèmes avec les étrangers étaient monnaie courante depuis des années. La plupart de ces discours ont un élément en commun au moins. Il s'agit dans tous les cas de quelque chose qui fait peur aux vieilles gens : listes d'attentes dans les hôpitaux, mauvaises conditions de vie dans les maisons de retraite, violence des jeunes étrangers. Ce sont des discours incohérents que l'élite centre gauche ne prenait pas toujours au sérieux, mais que Pia Kiersgaard, chef du parti populaire danois (DF), a écoutés et a rendus respectables après les avoir élevés au rang d'un programme politique *populiste*. Selon David Trads sa politique peut se résumer ainsi :

1. Le Danemark est beau et doit rester tel qu'il est et a toujours été.
2. Le Danemark appartient aux Danois.
3. L'Union est mauvaise, il faut stopper Bruxelles.
4. L'Islam est l'ennemi, il faut stopper les étrangers.
5. Pensez aux faibles, surtout aux vieux. Plus pour tout le monde.

Les discours ne sont devenus ni plus cohérents ni plus vrais historiquement, mais le génie de Pia Kjærsgaard et de Søren Espersen (chef d'information de DF) a donné de la noblesse à ces discours (Voir Trads 2002, 19–23 et 39 sqq.). En fait Pia Kjærsgaard et Soeren Espersen se servent de la démonisation de l'adversaire. Voir l'étude d'Anna Marie Smith « New Right Discourse ». On démonise l'adversaire au point que la démonisation finisse par paraître normale (Smith 1994, 14 et 17). Pour bon nombre de Danois il est devenu normal de juger sévèrement les minorités en bloc et sans la moindre preuve. « Finalement nous osons dire la vérité ». Voir à cet égard le choc qu'a donné Pia Kiersgaard aux autres politiciens par son soi disant « franc parler » (Trads 2002, pp. 39-41).

Dans la plupart des cas, les partis politiques avaient d'autres projets, d'autres discours à promouvoir. Mais au fur et à mesure que l'on s'approchait des élections sans que le gouvernement fixe la date exacte, il s'avérait que les thèmes prépondérants de la campagne étaient les thèmes fixés et travaillés par DF et que les autres partis sans aucune exception étaient forcés de prendre position par rapport à ces discours d'une façon ou d'une autre (sur les « chaînes discursives », voir Fairclough 1992, 84). Ils pouvaient appuyer les discours populistes (les faire leurs s'ils ne l'étaient déjà), ils pouvaient les inscrire dans leur propre discours avec certaines modifications, ils pouvaient produire un contre-discours en essayant de répondre et d'argumenter contre Pia

Kjærsgaard. Passer sous silence tous les discours promus par Pia Kjærsgaard était impossible. Bien sûr, certains partis essayaient d'inclure d'autres discours dans la campagne: SF a essayé de promouvoir le discours écologique et CD le discours sur la formation des jeunes, mais les efforts se sont avérés pratiquement vains, au moins si l'on regarde les résultats de vote.

Pour résumer ce qui précède, disons qu'il fallait que les partis prennent position quant à l'immigration (criminalité, oppression des femmes, insertion sur le marché du travail etc.), quant aux vieux, quant à nos hôpitaux. L'écologie était sans intérêt, la réduction des impôts présentait un certain intérêt, surtout pour les libéraux et les conservateurs, mais en fait beaucoup moins que lors des élections précédentes. Le chômage était sans intérêt, même l'Union Européenne avait momentanément perdu son statut d'objet de discorde.

Mais les discours populaires sur les étrangers, sur les hôpitaux, sur les maisons de retraite étaient bien établis avant que Pia Kjærsgaard fonde le parti populaire danois en 1995 et prenne en charge ces discours pour forcer les autres politiciens à les inscrire dans leur propre discours. Les partis avaient du mal à la suivre - sauf Venstre et FrP.

3 Les vidéos et la mise en scène des programmes politiques

Mais quelle que soit l'idéologie des partis il fallait bien qu'ils produisent leur exposé télévisuel. Un exposé de cinq minutes qui était lié à d'autres textes non seulement pour le contenu, mais aussi formait une intertextualité constitutive, puisqu'il fallait emprunter à des genres existants (voir Fairclough 92, 103–04). Les vidéos de présentation ne forment pas un genre en soi, les seuls traits qu'elles aient en commun, sont leur insertion dans une émission spécifique, leur finalité et leur durée de cinq minutes, ce qui ne constitue pas un genre à proprement parler (voir Fairclough 92, p. 103). Ni la structure interne, ni la façon de s'adresser aux téléspectateurs ne sont communes à toutes les vidéos.

Les partis (et les agences de publicité) ont fait de gros efforts pour trouver le genre qui convienne le mieux à leur idéologie et à leur plan de campagne. Comment parler aux électeurs ? Comment accaparer les électeurs et en même temps paraître crédible/ digne de foi ? Quelle est la distance communicative entre destinateur et destinataire, donc entre nous et le parti ? Est-ce que le parti nous écoute ? Est-ce que le parti nous parle clairement ?

Deux partis n'ont pas eu les moyens de produire une vraie vidéo, mais ont été contraints de représenter le parti par un personnage qui parle en son nom. KF est représenté par son président Jan Sjursen qui nous parle directement et dont le seul moyen de faire passer le message est d'accentuer certains mots. Ce procédé est assez naïf, mais sincère.

	Construction et « genre »	Relations destinateur - destinataire
FrP	Simple discours didactique adressé directement aux spectateurs	FrP nous parle à chacun de nous à travers son représentant qui incarne aussi bien le parti que le segment cible
KF	Simple discours didactique adressé directement aux spectateurs	KF nous parle à travers son président qui incarne le parti
CD	Montage de discours didactiques (directs ou par voix off) produits par trois responsables – toujours seuls sur l'écran	CD nous parle de façon très intime et personnelle à travers ses trois représentants
K	Suite de six discours didactiques adressés aux spectateurs	Le parti nous parle à travers six responsables, chacun ayant son sujet
Rad	Montage d'interviews faites par le metteur en scène Søren Fauli	Fauli pose des questions naïves ironiques aux chefs du parti qui répondent
SF	Reportage de la campagne électorale « réaliste »	Nous voyons le président qui parle aux électeurs présent aux meetings. D'autres personnes relaient le président et nous parlent directement
V	Reportage de la campagne électorale avec des éléments fictionnelles	Le parti libéral écoute les électeurs à travers son chef Anders Fogh Rasmussen et leur promet de faire suite à leurs voeux
Soc.-d.	Montage de discours didactiques et d'enregistrements de Nyrup en campagne + scènes d'un camp de réfugiés en Afrique	Nyrup parle aux électeurs, les autres responsables nous parlent directement
EL	Montage de petites scènes fictionnelles et de discours didactiques (voix off)	Le parti nous fait voir des scènes fictionnelles illustrant les points forts de sa politique
DF	Suite de 122 images fixes (photos) + musique originale	DF nous montre notre pays dans toute sa solidarité interne

Table 1 La construction des vidéos. Les relations entre destinateurs et destinataires

FrP laisse la parole à Marie Kvorning, une femme assez agée, personne complètement anonyme et sans expérience politique, mais – et ceci est essentiel – qui par son apparition et son langage incarne le mouvement/les électeurs FrP : une espèce de *pars pro toto*.

Trois partis donnent la parole à plusieurs responsables – de façon fort différente : CD, les radicaux et les conservateurs. L'essentiel c'est que les représentants ont la parole dans une émission à l'aspect didactique. La vidéo radicale prend comme modèle toutes les émissions où la télévision joue avec les conventions télévisuelles dans un jeu ironique et métadiscursif.

CD met en scène trois représentants chacun dans des environnements différents : chez eux, dans la nature près de chez eux, dans le port de Copenhague. Le spectateur sent les traces d'une interview où les questions ont été coupées/enlevées. Quand les trois représentants se promènent dans la nature on entend leur paroles en *voix off*. CD jouent la carte des reportages avec interviews tels qu'on les connaît dans les informations télévisuelles.

Les conservateurs jouent également la carte information/documentaire, mais avec une petite dose de fictionalisation (« faction » dans la littérature anglosaxonne). Six responsables du parti sont placés dans un environnement institutionnel qui est représentatif du thème traité par chaque responsable.

Lene Espersen	Impôts	Bureau
Henriette Kjær	Hôpitaux/service médical	Hôpital
Brian Mikkelsen	Education/formation	Devant une école
Helge Adam Møller	Sécurité et ordre	Commisariat de police
Per Stig Møller	Politique internationale et terrorisme	Chez lui, dans sa bibliothèque
Bendt Bendtsen	Résume tout et met l'accent sur le Danemark	Devant un ferme (lasienne ?)

Table 2 La vidéo des conservateurs

Dans les cinq premiers cas une ou plusieurs personnes écoutent ce que dit le responsable et quand celui-ci a terminé un texte résume : « Je veux . . . . » ou une expression semblable. C'est donc très sérieux, mais le tout fait une impression de fiction, chaque scène est trop construite et factice. Les conservateurs n'arrivent pas à desisner un profil très clair, ils essayent de plaire à un public trop large.

Les radicaux ont donné la parole au metteur en scène Søren Fauli qui se présente comme un nouveau membre du parti qui ne comprend pas tout à fait la politique du parti ou les valeurs du parti : Il va de l'un à l'autre à la recherche des valeurs du parti, pose des questions – le tout avec une distance ironique fort sympathique, mais efficace ? Cela devient très métadiscursif. Le groupe cible se rétrécit.

Trois autres partis jouent la carte documentaire en mimant un reportage de la campagne électorale en cours : SF, Venstre (gauche = parti libéral) et les sociaux-démocrates. Dans tous les cas ces vidéos peuvent être placées sur une ligne entre deux pôles, un pôle « factualité » et un pôle « fictionalité ».

La vidéo social-démocrate est un montage de scènes provenant de la campagne électorale (ce sont les scènes montrant Poul Nyrup) et de scènes d'interviews avec d'autres responsables: Lykketoft, Auken, Rolighed, Bjerregård, Karen Jespersen qui tous appuient ce que dit Nyrup. Cet arrangement cherche à construire Poul Nyrup en homme d'état. La thématique, assez abstraite, est marquée par un écran noir avec texte. La densité d'information est très élevée, le texte est difficile à suivre, et le statut discursif des differents éléments n'est pas clair. C'est une vidéo qui veut trop à la fois.

SF joue directement la carte du reportage, nous suivons le chef du parti Holger K Nielsen lors de sa campagne. Il y d'autres personnes qui s'expriment, mais normalement en compagnie de Holger, qui est celui qui dessine le profil du parti. C'est Holger qui exprime la politique bien que soutenu par d'autres comme Kamal Querashi. Ce parti pris de (semblant de) réalisme documentaire rend la vidéo assez confuse puisque les différents éléments de reportage collent mal ensemble.

Venstre joue aussi la carte du reportage, nous suivons le chef Anders Fogh Rasmussen en campagne électorale: Son départ de chez lui, ses confrontations avec Poul Nyrup Rasmussen, l'accueil chaleureux des gens partout dans le pays etc. A quatre reprises les électeurs posent des questions à AFR qui répond à leur satisfaction. Ces scènes sont visiblement fictives mais essayent de donner une impression de documentaire. Contrairement à SF et à la social-démocratie Venstre a produit une vidéo qui est très facile à comprendre et à suivre. SF et les sociaux-démocrates organisent la vidéo autour du président, mais sans tomber dans le culte de la personnalité. Venstre au contraire fait une vidéo qui essaye de sacrer Anders Fogh Rasmussen comme héro et sauveur, l'homme qui regarde vers l'avenir. Le message est simple et le profil de Venstre est clair et net.

Deux partis construisent des mondes fictionnels :

Enhedslisten (EL) essayent la métaphore visuelle et la fiction illustrant les points forts de la politique de ce parti : Une scène où des vieux et des enfants sont lavés dans une machine automatique de lavage de voitures, une scène dans un supermarché ou la caissière musulmane est durement traitée par des femmes danoises etc. Malheureusement le statut de chaque scène est difficile à saisir : sommes nous devant une scène réaliste ou en présence d'une scène métaphorique à valeur symbolique ? Ce mélange de didactisme et de fiction rend le message très confus.

DF, Dansk Folkepart, qui avait élevé les discours populaires au niveau de la respectabilité de la bonne société et qui avait forcé les autres partis à les traiter dans la campagne, n'a pas besoin de les répéter. Tout le monde connaissait les positions du parti qui risquerait de se couvrir de ridicule en enfonçant une porte ouverte.

La vidéo consiste donc en 120 images fixes illustrant les Danois et le Danemark. Toute interprétation politique devient incertaine, mais une chose est sûre : DF incarne le Danemark dans toute sa naïveté et toute sa beauté. DF s'élève au-dessus de la mêlée. DF est le Danemark : « Votez danois ».

On peut facilement mettre en cause l'importance des vidéos. Somme toute les vidéos ne sont qu'un bref moment dans la totalité des événements de la campagne, mais il est néanmoins intéressant de constater que les trois vidéos les plus simples tant pour la forme que pour le contenu et qui dessinent le plus clairement le profil des partis, sont des vidéos plutôt populistes. Et de ces trois, deux sont les grands gagnants des élections. Si FrP a complètement échoué, *peut-être* est-ce dû à la conduite du chef de parti, Mogens Glistup, lors de l'émission « Feu croisé », où Glistrup expose tous les traits paranoïaques d'une personne en décomposition mentale.

4. La prise en considération des autres discours : renvois et insertions

Intertextualité

La prise en charge ou l'insertion de « l'autre discours » peut se faire de plusieurs façons. On peut se servir du discours rapporté ou du discours représenté, *represented discourse* dans la terminologie de Norman Fairclough. Dans d'autres théories, proches du *critical discourse analysis*, on parlerait de *footing* (voir Femø 2001, 31 sqq). Mais ces procédures qui sont à vrai dire la norme dans les discours médiatiques (journaux ou médias électroniques) sont rares dans les vidéos, et non sans cause.

Chaque vidéo doit se positionner sur deux axes : Elle doit se positionner par rapport aux discours populaires consacrés par Pia Kjærsgaard. Ces « discours de départ » peuvent être opposés ou consonants (ennemi ou ami) avec le message de la vidéo. La vidéo doit se positionner aussi par rapport à tout ce que disent les autres partis lors de la campagne – là aussi il y a des discours ennemis et amis.

La citation directe ou indirecte est rare dans les vidéos : En effet chaque parti doit s'adresser aux électeurs et, dans la vidéo de présentation, cela peut être un signe de faiblesse que de citer l'ennemi directement. Dans la *campagne électorale proprement dit,* les jeux sont différents. Là les citations sont monnaie courante. Mais dans les vidéos la polémique directe contre les paroles précises de l'autre semble être une mauvaise procédure, ne serait-ce que parce que c'est l'autre qui, de cette façon, a d'abord défini le terrain.

Fairclough mentionne comme variantes d'interdiscursivité : la présupposition (dans un sens autre que ducrotien), la négation, le métadiscours, l'ironie (Fairclough 92 , 118-23), mais les exemples de Fairclough sont liés à un grand nombre de textes où l'intertextualité est libre pour ainsi dire. Dans le cas des vidéos chaque renvoi à un autre discours est pesé, comme il est indiqué plus haut.

Dans ce contexte, c'est la notion de « (micro)polyphonie » qui s'impose.

> *La phrase « Pierre n'est pas petit » serait un exemple classique de polyphonie. Le locuteur est responsable de cet énoncé, mais l'enoncé est construit par contraste avec l'opinion opposée – Pierre est petit. Une autre voix est donc présupposée, voilà pourquoi l'énoncé contient deux voix, celle du locuteur et celle de l'autre.* (cité d'après Femø, 2001A, 145).

Mais tout ce travail de polyphonie, en soi inévitable puisque inscrit dans tout texte polémique, pose des problèmes aux partis et trouve des solutions très différentes d'une vidéo à l'autre. Le problème est que non seulement les partis doivent prendre leur point de départ dans des discours pour eux souvent indésirables mais il faut aussi qu'ils inscrivent les réponses des électeurs dans leur discours. Cela pourrait se faire directement, mais c'est rare. Cela peut se faire indirectement par exemple en présentant les choses de façon *à ce que le futur électeur ne puisse pas les refuser*. C'est la stratégie de FrP. Mais d'autres partis trouvent une troisième solution, ils enfoncent le clou encore plus en mettant en scène des personnages qui répondent ou au moins acquiescent (K et SF). Ici il s'agit donc de la mise en scène directe de l'autre discours ou plutôt des autres discours (voir ci-dessous).

Si nous regardons les différences entre intertextualité horisontale et verticale il s'avère que les vidéos peuvent être vues de deux façons. D'une part on peut les voir comme un maillon dans une chaîne (discours populaires à vidéo à réponses le jour des élections) mais de l'autre on peut considérer les vidéos comme un produit final déterminé par X facteurs (Fairclough 92, 103). *Du moins les vidéos essayent-elles de se clore autour du message final malgré le fait qu'elles sont un maillon dans un système dialogal.*

Les vidéos marquent toutes l'existence de « l'autre discours », c'est-à-dire du discours populaire de départ et des discours politiques concurrentiels. Cela peut se faire de façon directe ou indirecte selon les besoins de la stratégie choisie et selon les contraintes où se trouve le parti du fait du poids des accusations des discours populaires. Chaque vieo est hautement polyphonique, mais les procédures varient.

A Polyphonie : perspectives et implications
Adverbes indiquant implications et perspectives
L'emploi de certains adverbes indique l'existence d'un autre discours par rapport auquel on se positionne, par exemple des adverbes marquant la perspective du discours

(confirmation ou négation de l'autre discours) ou l'attitude du locuteur : « bien sûr », « bien », « naturellement » (*selvfølgelig, jo*, etc)

Donc :
- On marque l'existence de l'autre ;
- On indique que l'autre s'oppose à nous (nous attaque, nous fait des reproches etc..) ;
- On nie que ces reproches soient bien fondés ;
- Somme toute il n'y a pas de reproches à nous faire :
  « *Naturellement* il ne faut pas que le Danemark soit le bureau d'assistance sociale du monde entier » (=*Selvfølgelig* skal Danmark ikke være hele verdens socialkontor (CD)) « *En revanche il faut bien* qu'eux aussi se conduisent de façon correcte » (=*Til gengæld* så skal de *jo* også opføre sig ordentligt (CD))

Ici Peter Duetofte, numéro deux de CD, renvoie, par l'emploi de « selvfølgelig », aux reproches – ou plutôt accusations - faits à son parti par la droite populiste devouloir faire du Danemark un pays qui donne tout aux immigrés et qui accepte tout de leur part. Et il nie par là que son parti veuille tout donner. C'est la justification devant l'accusation.

Constation et confirmation
- On avance une constatation ;
- On confirme la constatation et confirme par là que d'autres ont nié la sincérité de celui qui formule la constatation ;
- On affirme par là que les autres ont tort de nier cette sincérité ;
  « Les enfants euh les familles qui ont des enfants ont la priorité pour nous – et nous le disons sérieusement » (=Vi prioriterer børn øh børnefamilierne højt og og det mener vi alvorligt (SF))

Le simple fait de dire « et nous le disons sérieusement» marque bien sûr que le parti prend la chose au sérieux, mais avant tout la phrase renvoie aux reproches/accusations faites à SF de négliger la famille et les relations entre parents et enfants. Ici SF renvoie à tous les partis de la droite. Dans ces cas-là négation (justification) est indiquée, mais de façon implicite.

La négation dissimulée
On peut nier le discours de l'autre bord en remplaçant la négation par des expressions qui dans le contexte précis fonctionnent comme des négations ou des critiques. Dans la vidéo de SF, le chef Holger K. Nielsen emploie la non-compréhension, en fait une une pseudo-non-compréhension, pour nier l'autre discours et donc pour confirmer son propre discours.

« Alors je ne comprends pas que nous n'ayons pas les moyens de rendre la vie des gens âgés juste un tout petit peu meilleure » (=Så kan jeg bare ikke forstå at vi ikke kan have lidt bedre råd til de gamle (SF)). Ici le locuteur ne se défend pas, c'est lui qui accuse l'autre de ne pas prendre ses responsabilités.

La correction ou restriction après coup
Dans certains cas la vidéo formule une intention puis ajoute une forme de correction qui renvoie à ce qui se dit dans l'autre discours sur le thème présenté du propre discours:

« Il faut une loi plus stricte sur l'immigration/les étrangers, mais il faut qu'elle soit correcte (décente), il ne faut jamais oublier d'être correct » (=Vi skal have en strammere udlændingelov Det er nødvendigt men den skal være anstændig. Anstændigheden den må vi ikke glemme (K)). C'est l'accusation formulée par la gauche contre la droite que Bendt Bendtsen, chef des conservateurs, essaye de démonter. Le même procédé est également cher à CD.

Polémique directe
Nous trouvons de rares exemples d'une polémique directe contre le discours opposé: « et alors on veut que nous nous taisions – mais nous n'allons pas nous taire ». (= Og så skal vi endda tie stille med det ? Vel vil vi da ej (FrP))

Ici Marie Kvorning renvoie à tous les discours politiquement corrects sur les immigrés, discours qui, selon elle, ont cherché à fermer la bouche de FrP. On le voit, ici le procédé simple et direct consiste à exposer concrètement l'existence de l'autre discours pour ensuite marquer son opposition.

Eclatement de la logique ?
Parfois on assiste à un éclatement de logique quand le locuteur est trop conscient de l'autre discours, le métadiscours remplace indûment le discours simple. C'est ce qui arrive à Anders Fogh Rasmussen (venstre): « Les chemins de l'amour sont impénétrables, et dans ce domaine nous ne pouvons ni ne voulons légiférer. *Mais ce que nous pouvons nous permettre de dire* c'est que les regroupement familiaux. . .(= Kærlighedens veje er uransagelige og det hverken kan eller skal vi lovgive om. *Men det vi kan tillade os at sige det er at* familiesammenføringen (V)).

B La mise en scène directe du discours de départ populaire

On peut mettre l'autre discours (ami ou ennemi) directement en scène: La vidéo comporte un ou plusieurs personnages qui ont pour fonction d'insérer le discours de départ. C'est la construction dont se sert la vidéo de Venstre où quatre personnes expriment des opinions et posent des questions à Anders Fogh Rasmussen. Il y a donc présentation des discours populaires clé, sans que cela paraisse. Bien qu'il s'agisse de rapporter un discours ami, il est préférable de le placer dans la bouche de quelqu'un d'autre.

FrP présente pour ainsi dire le discours de départ directement par l'entremise de Marie Kvorning. Mais curieusement le parti essaye de réhausser son discours par l'insertion d'un terme qui n'appartient pas au discours populaire « produit national brut ». Impossible de savoir quels ont été les effets sur les teléspectateurs : effets de sérieux sur ceux qui sont déjà d'accord ou effet de ridicule ? « Maintenant tout est devenu tellement difficile et compliqué, il faut demander des information à trop de monde, et il faut interpréter trop de lois. 70% du produit national brut circulent dans les caisses publiques, 70% » (=Nu er det hele så besværligt så indviklet så mange skal spørges og al for mange love skal tolkes 70 n% af bruttonationalproduktet cirkulerer rundt de offentlige kasser 70 % (FrP)).

Les conservateurs mettent le discours de départ directement dans la bouche et dans le comportement des responsables du parti, ce qui confère un caractère factice à la parole des responsables.

C Emploi ou citation d'un terme clé

La citation est comme nous l'avons déjá indiqué la chose à éviter, on n'est jamais sûr de maîtriser le sens des citations. Mais même un terme clé des débats actuels est difficile à employer si le terme change de valeur en passant d'un discours à l'autre. Les termes fatidiques des élections de novembre était les termes indiquant « étranger », « non-résident », « immigrés », « réfugié », « musulman », « arabe », « nouveau Danois » etc (fremmed, udlænding, indvandrer, flygtning, muslim, araber, nydansker). Une chaîne où les mots souvent sont interchangeables ou équivalents. Malgré le fait que ces mots renvoient à des concepts et à des réalités très diverses, ils forment normalement une taxinomie dans le discours populaire, ce qui est le cas dans la vidéo de FrP où Marie Kvorning aligne la lutte antiterroriste et l'endiguement du flux d'immigration.

« Tout le discours des sociaux-démocrates sur la législation antiterroriste, qui n'est toujours pas en place, n'est qu'une pêche aux voix. Depuis longtemps ils ont bien montré qu'ils ont besoin du parti du progrès pour établir des mesures efficaces contre le flux des réfugiés. Mais nous arrivons maintenant. » (=Al valgsnak om en terrorpakke der ikke er vedtaget endnu er bare stemmefiskeri De har jo for længst vist at de mangler fremskridtspartiet for at få noget effektivt gjort ved flygtningestrømmen og vi kommer nu (FrP))

Pour certain partis il était très difficile de choisir entre les termes et ce malgré le fait qu'il y avait tout un éventail de possibilité :

Le parti pouvait se délecter sans honte en choisissant les termes le plus injurieux (FrP), le parti pouvait choisir une circonlocution ou périphrase pour éviter tout terme déjà établi (SF, Soc-dem et EL), on pouvait choisir des termes supposés neutres (CD,

KrF, K, Rad), on pouvait se servir de termes neutres, mais les mettre dans la bouche de quelqu'un qui n'était pas du parti (V) et finalement on pouvait les taire (DF).

De plus SF, CD et les Radicaux ont introduit des représentants de minorités ethniques dans les vidéos. Voici la liste des dénominations :

Soc	Les gens qui arrivent ici Les gens venant d'autres pays Séquence de film montrant la famine en Afrique
Rad	Pakistanais ou Danois ? Mise en scène directe du candidat Nasser Khader
SF	Mise en scène directe du candidat Kamal QuerachiC es gens-là La politique d'immigration
EL	Egalité entre toutes les cultures au Danemark Mise en scène d'une caissière à foulard « Est-ce parce que tu es étrangère ? »
CD	Les réfugiés du monde entier Les gens qui arrivent ici Ceux qui arrivent ici
KrF	La politique d'immigration Nouveaux Danois
Kons	Etrangers Loi sur les étrangers
Ven	(Immigré de deuxieme et de troisième génération) (intégrer les étrangers)
DF	Photo d'une maman avec bébé, la maman pourrait avoir de lointaines origines asiatiques
FrP	Pays libéré des mahométans (sic) Ceux qui nous rendent visite Les visiteurs non invités Des réfugiés frauduleux Le flux de réfugiés Les étrangers

Table 3 la dénomination des étrangers

La liste montre à quel ploint la gauche était paralysée, aucun parti de gauche ou du centre gauche n'a osé choisir un terme simple. Quel que soit le choix, il aurait eu des effets de sens indésirables.

D L'intonation

Jan Sjursen de KrF est le seul qui marque systématiquement l'existence de l'autre discours par l'intonation. Marquer ostensiblement notre propre position ou attitude renvoie à l'existence de l'autre et nous démarque par rapport à l'autre: « La démocratie, la liberté et la paix ne sont *pas* des choses données » (=Demokrati, frihed og fred er *ikke* nogen selvfølge (KF)), L'accent mis sur *ikke* (pas) indique qu'il y a des gens pour qui ce n'est pas quelque chose de donné, que ces personnes ont tort et que somme toute nous avons là un problème.

E DF et l'intericonicité

DF a fait une vidéo qui consiste uniquement en images fixes, ces images proviennent de différents genres et discours, mais surtout de genres populaires : photos de famille, photo de presse, surtout des photos qui ont obtenu un statut d' « icone », photo de publicité et de brochure touristique. Il n'y pas de photos documentaires, artistiques ou expérimentales. Toutes les photos renvoient à des genres que tout le monde connaît et elles ont toutes un contenu que nous connaissons et que nous aimons également.

5. La position des partis par rapport aux discours populaires ?

La thématique des élections en dit long sur la force des discours populaires, mais une étude spécifique de chaque thème est exclue.

Le discours populaire et surtout populiste est marqué par le poids de l'intérêt personnel et des avantages personnels. Qu'est-ce que tel ou tel parti peut/doit faire pour moi? Quels sont les avantages que je peux en tirer ? Opposé à ce discours il y a le discours des principes où l'on discute et argumente selon des critères de droit, d'équité, c'est-à-dire le discours de l'espace public selon Habermas. Il faut dire qu'entre ces deux discours il n'y pas de cloison impénétrable, le discours de l'intérêt personnel peut toujours renvoyer à des principes de droit. Quand une vidéo parle de nos obligation internationales, c'est en revanche toujours à travers un discours de principes, coloré pourtant par l'intérêt personnel dans la vidéo des conservateurs.

Les radicaux. Les radicaux essayent d'élever le débat au niveau des principes, c'est surtout le cas quand la vidéo parle des immigrés. Ceci leur est d'autant plus facile que la vidéo met en scène le candidat Naser Khader, d'origine palestinienne, qui tout en restant assez concret élève le débat au niveau théorique en faisant des emprunts au discours anthropologique. Les radicaux cherchent donc à généraliser. Ils sont en même temps très conscients des différents discours – ainsi que de leur propre discours. « og det kan man næsten ikke sige for det er så banalt at sige » (et l'on ne peut vraiment pas le dire puisque c'est tellement banal à dire (rad)).

Donc le discours concret, simpliste et facile à comprendre est rejeté catégoriquement. Les radicaux refusent donc aussi nécessairement les discours de l'intérêt personnel.

Thèmes	Soc	Rad	SF	Enh	CD	KF	Kon	Ven	DF	FrP
Tiers monde		+		+						+
Obl. internat.	+	+		+			+			
L'Union	(+)	?			+					+
Environnem.	(+)		+			+				+
Edu./format.	?		(+)		+		+			+
Redistr.soc.			+	+						+
Impôts		(+)	+	+	+		+	+		+
Chômage			(+)							
Indiv. Admi.					+	+				+
Sécurité publ.	+				+		+		(+)	+
Les vieux	(+)		(+)	+	+	+	+	+	(+)	+
Les hôpitaux	+				(+)	+	+			+
Immigrés	+	+	+	+	+	+	+	++		+
La famille			(+)			(+)	+		(+)	+
Danemark							+		+	

Table 4, La thématique des vidéos

CD. CD a choisi (ou plutôt est forcé de prendre) le chemin difficile de marquer clairement les discours populistes et de prendre ses distances par rapport à ces mêmes discours, ce qui comme nous l'avons déjà indiqué est très dangereux. Pour y parvenir CD tente de jouer la carte de la compétence et du réalisme face aux promesses des uns et aux attaques et à la virulence des autres et cela par tous les moyens.

Cela peut se faire par des renvois directs à d'autres discours, voire des citations : « tout le monde promet n'importe quoi » (= alle lover alt muligt (CD))

Sous le poids des accusations, CD est forcé de donner raison à certains aspects du discours populiste. C'est le cas par exemple quand Peter Duetoft dit «naturellement il ne faut pas que le DK soit le bureau d'assistance du monde entier » (ce qui est une quasi citation de Marie Kvorning) et que « tous les demandeurs ne peuvent pas aller s'établir au Danemark » (ce qui est également un des points forts de Marie Kvorning).

On voit à quel point les accusations gênent CD par le simple fait que Peter Duetoft en sept lignes de transcription dit « selvfølgelig » (naturellement) 3 fois, « jo » (bien/bien entendu) 3 fois, « men» (mais) une fois et « til gengæld » (en revanche) une fois, nous sommes en pleine crise d'argumentation quand il s'agit de la politique d'immigration de CD. CD se présente (ajourd'hui comme hier) comme le parti de l'ordre et de la sécurité - mais avec décence. Et ici Mimi Stilling Jacobsen, chef du parti, va jusqu'à dire qu'elle n'a pas peur de l'expression « lov og orden » (l'ordre public), elle assume ainsi tous les discours bourgeois sur la sécurité. Mimi est plutôt pour un gouvernement de droite, mais tout comme les conservateurs elle a peur qu'un gouvernement de droite ne sache pas se conduire correctement envers les faibles. CD est donc pris dans un tourbillon de discours et se livre à des tentatives febriles pour éviter d'être exclu du parlement.

Les sociaux-démocrates. Ce parti mise comme nous avons déjà indiqué sur le fait de construire Poul Nyrup en homme d'état. C'est la raison pour laquelle les sociaux-démocrates introduisent nos obligations internationales et d'autres thèmes. Les discours de départ sont réduits en importance. Seul le thème santé/hôpitaux est traité à fond.

SF. SF essaye de donner la priorité au discours écologique. Le discours sur les immigrés est complètement changé et SF nie – dans la bouche d'une future électrice – l'importance du thème.

EL. Ce parti joue au Robin des Bois : « nous n'hésitons pas à prendre au riche et donner au pavre » (=Enhedslisten tøver ikke med at tage fra de rige og give til de fattige (EL)). Ce parti aussi transforme le discours populaire sur les imnmigrés pour souligner l'importance du multiculturalisme.

KrF. A bien des égards ce parti a les mêmes problèmes que CD. Jan Sjursen ne peut pas suivre les discours populaires dans leur dénigrement des immigrés, mais il est absolument contre les sociaux-démocrates et désire un gouvernement de droite. En effet en ce qui concerne les immigrés, le tiers monde et les problèmes de l'environnement KrF est assez proche des radicaux et de SF.

Les conservateurs. Les conservateurs, nous l'avons déjà vu, accueillent les discours populaires, essayent de les rendre siens dès le début en les mettant directement dans la bouche des responsables du parti tout en essayant d'introduire certain thèmes qui n'ont pas été trop populaires lors de la campagne (l'éducation des enfants par exemple).

Venstre. Pour Venstre les discours populistes ne posent pas de problème - ils sont là sans être là, Anders Fogh Rasmussen écoute les discours populaires pour satisfaire les gens : « et c'est ici dans les écoles, sur les lieux de travail et les institutions que j'ai pris connaissance des sentiments des gens » (og det er her på skoler og arbejdspladser og institutioner at jeg har fornemmet stemningen hos folk (V)).

Les discours populaires sont représentés et incarnés par les quatre personnes qui posent des questions à Anders Fogh Rasmussen: a) sur ce les listes d'attente, b) sur les mariages des immigrés, c) sur les vieux, d) sur l'intégration des immigrés. Anders Fogh Rasmussen prend au sérieux les discours populaires et les prend en charge sans que cela paraisse. C'est le concept qui régit toute la campagne de Venstre (Voir Nybro et Mylenberg 2002, 32-34.). CD est entouré de discours ennemis et essaye désespérément de s'en libérerer. Venstre fait disparaître les discours de départ (amis ou ennemis) pour promettre d'agir efficacement selon les lignes proposées par ces mêmes discours. Son discours est génial.

FrP. FrP n'a pas de problème avec les discours populistes, ce parti est un mouvement ou groupement construit sur la base de discours populaires. Ce que fait Marie Kvorning, c'est tout simplement d'exprimer les fantasmes et les haines des discours populistes. Elle ne prend pas en considération les discours non-populistes – elle en est incapable. Et le pourrait-elle, cela affaiblirait son discours. Mais elle renvoie au discours politiquement correct : « et alors on veut que nous nous taisions – mais nous n'allons pas nous taire ». Donc à travers MK nous écoutons la pure parole populiste dans toute sa simplicité.

6. La rhétorique des responsabilités et des exigences personnelles

Qui demande quoi à qui et au nom de qui? Qui exige quoi de qui et au nom de quoi?

Ce qui est en jeu ici, c'est la répartion des tâches entre destinateurs et destinataires. Les différents discours populistes sont construits autour de certaines exigences ou incriminations : « nous/les petits » qui ne sommes jamais responsables (notre responsabilité nous a été enlevée) et les représentants du système « eux/les grands » de qui on peut exiger quelque chose et qui sont responsables.

Ici un autre aspect est extrêmement important : *la responsabilité explicite est normalement dans les vidéos un phénomène collectif* qui incombe au destinataire et en revanche les exigences du destinataire ou formulées en son nom par le destinateur sont du domaine de l'individuel. L'exigence individuelle est le propre du discours populiste et la responsabilité collective est le propre des discours qui lui sont opposés.

Comment les vidéos se placent-elles par rapport à ces exigences ? Comment construisent-elles le destinateur et le destinataire? Qui est exclu qui est inclus ? Le « nous » des vidéos est extrêment labile. Qui appartient à « nous » ? Qui est « vous » (pluriel) et qui est « tu » ? (voir à ce sujet Femø 2001A, 165 sqq).

EL. EL expose sa politique et son idéologie, mais invite (indirectement par un « nous » collectif) le destinataire à faire un effort donc à prendre ses responsabilités en matière d'intégration des immigrés. En revanche l'idéologie « Robin des Bois » enlève la responsabilité aux destinataires en matière de problèmes sociaux.

SF. Tout comme les sociaux-démocrates SF se sent mal à l'aise. SF sait qu'il est dangereux d'exiger que le destinataire prenne ses responsabilités. C'est la raison pour laquelle les exigences sont introduites par « je ne comprends pas pourquoi nous ne pouvons pas X » (= nous voulons X).

Radicaux. Les radicaux se dérobent partiellement au jeu des responsabilités par leur discours très abstrait. Mais ils soulignent fortement nos obligations internationales. Et ils soulignent par leur slogan que le destinataire n'est pas au coeur des préoccupations du parti : « Nous pensons à d'autres que toi ».

La social-démocratie. De tous les partis la social-démocratie est le plus mal à l'aise. Il ne peut pas promettre ou exiger au nom des individus, étant donné quele parti avait eu neuf ans de gouvernement pour satisfaire aux désirs individuels (voir ci-dessus). Il demande explicitement aux destinataires qu'ils prennent conscience des problèmes des immigrés, qu'ils les traitent convenablement et que tous soient solidaires avec les pauvres de ce monde. Nyrup dit directement : « Ecoutez si nous ne sommes pas capables de pouvoir nous passer de 1% de notre richesse (c'est-à-dire pour aider le tiers monde), nous sommes trop médiocres, nous sommes vraiment trop médiocres » (=Ved I hvad hvis vi ikke kan tåle at undvære 1% af vores rigdom så er vi for ringe, så er vi simpelthen for ringe. (S)) Et Lykketoft, alors numéro deux du parti, expose longuement nos responsabilités globales politiques. Mais ce que le parti demande aux destinataires, est très impopupaire et le langage du partie est très éloigné du discours populaire.

CD - nous l'avons vu - est pris entre deux feux. Ce parti se démarque explicitement par rapport à ceux qui promettent, et qui donc ont succombé aux discours populistes, tout en donnant raison à certaines exigences des discours populistes (le petit contre le système). Mais il exige que les étrangers/réfugiés soient bien traités une fois qu'ils sont là. Et il demande que les écoliers mangent bien à l'école ! La phrase formulée par une Danoise d'origine est-asiatique suggère en fait que les parents ne sont pas capables de donner à leurs enfants un repas convenable. Non seulement c'est incriminer les parents, mais c'est aussi transposer ce qui est personnel sur l'espace public. Cette transposition est acceptable quand il sagit de *talk shows* sous la houlette des stars médiatiques. Mais l'acces à la sphère intime est fermé aux politiciens.

KrF essaye d'éviter de mettre en relief la construction des responsabilités. Quand le parti se bat pour quelque chose, Sjursen évite de placer la responsabilité chez un adversaire. « Les personnes âgées ne doivent pas être considérées come un fardeau dont on se décharge dans les institutions publiques» (=Børn og unge skal ikke bare ses som en byrde man læsser af på institutioner (KrF)). Mais qui les considère comme un problème ? Pour Sjursen il faut à tout prix qu'il ne donne pas l'impression d'accuser les gens d'oublier leurs vieux parents. Il ne faut pas non plus que le personnel des maison de retraite et des hôpitaux se sente accusé. Voilà pourquoi il ne peut se servir ni d'un « nous » ni d'un « vous/tu », mais d'une construction passive sans agent. Finalement Sjursen essaye de donner la responsabilité aux sociaux-démocrates, ce qui est assez facile.

KrF se pose en garant que le gouvernement de droite soit « correct », qu'il s'agisse des personnes âgées, de la famille ou des étrangers. Il promet de faire des efforts, mais il n'exige pas grand chose des électeurs. Somme toute KrF fait un effort pour paraître positif et pour ne jamais incriminer qui que ce soit. Il y réussit – presque.

Les conservateurs. Ils exigent aussi facilement que FrP. Après une demande adressée à une responsable du parti par un jeune homme anonyme, la vidéo est construite autour de demandes formulées au nom des électeurs par les responsables (« je veux ») et acceptées par des personnages muets qui nous représentent.

Quand le futur ministre des affaires étrangères nous parle de nos responsabilités internationales, c'est formulé de façon à ce que les destinataires soient relayés par un « nous » indécis. Nous (= les conservateurs) pensons que nous (= tous les Danois) protègeons le mieux le Danemark par une collaboration étroite et loyale avec L'Union européenne, l'OTAN et les US.

Et le président du parti dit : « ce qui nous est commun, le Danemark, c'est cela que nous devons protéger » (= det vi er fælles om. Danmark det skal vi værne om (K)).

Venstre. Venstre écoute les gens et retransmet leurs demandes. C'est tout. Les destinataires ne sont responsables de rien. Pas même de leurs vieux parents à l'hospice où le personnel prend en charge les vieux comme s'ils étaient une famille. Selon Anders Fogh Rasmussen les meilleures institutions ressemblent à une maison privée : « Il y avait une chaude ambiance humaine dans cette maison de retraite, on n'avait pas l'impression que c'était une institution publique, mais que l'on était dans une maison privée » (=Der var en varm, positiv, menneskelig atmosfære på det plejehjem så man tænkte slet ikke på det som en offentlig institution, men netop som et privat hjem (V)). Encore un trait génial.

DF. Daansk folkeparti ne demande rien au destinataire, qui n'est responsable de rien. Mais la vidéo est une glorification de ceux dont le métier est d'avoir une responsabilité et qui travaillent pour la collectivité : le facteur (!), les policiers, les parents, les éboueurs, les militaires qui viennent à la rescousse lors des tempêtes de neige avec leurs voitures à chenilles. Donc nous savons prendre la responsabilité quand il le faut, surtout auprès de nos proches et de nos parents.

FrP. Ce parti exige ! Les dix demandes sont formulées par le parti (Marie Kvorning) et nous sont présentées directement à nous en tant qu'individus mais adressées indirectement au « système ». Quels sont les avantages que chacun de nous pourrait tirer des propositions du FrP ? La seule chose qui est exigée des destinataires, ou plutôt d'une minorité de destinataires, c'est qu'ils payent eux–mêmes leurs billets de théâtre (en effet ceux qui vont au théâtre appartiennent au système, ils n'appartiennent pas à « nous »). Ici où elle s'adresse à un destinataire ennemi, elle dit « tu » (« paye toi-même »). Quand elle s'adresse au destinataire ami elle emploi le vous, pluriel de tu ! Refus total de toute responsabilité – surtout en matière d'environnement.

Tout ceci peut être résumé ainsi dans une répartition des responsabilités :

Soc	Demande directement aux électeurs d'être responsables et de faire des sacrifices. Promet de rendre les services médicaux efficaces
Rad	Demande que nous prenions nos responsabilités internationales
SF	Nous prie de bien vouloir faire un effort pour résoudre les problèmes et pour prendre nos responsabilités
EnH	Expose ses opinions et exige une répartition des richesses, mais ne demande en fait rien aux électeurs
CD	Se démarque par rapport à ceux qui promettent et exigent des mesures qui impliquent que les électeurs soient responsables
KF	Evite de demander aux électeurs d'être responsables et essaye à tout prix d'accuser les électeurs de ne pas prendre leurs responsabilités
Kon	Demande ou exige au nom des électeurs muets par la formule « je veux ». La responsabilité des électeurs n'est pas en jeu
Ven	Comme Venstre écoute et promet, la responsabilité des électeurs n'est pas en jeu
DF	La video est une glorification des électeurs, la video montre que nous savons prendre nos responsabilités là où il le faut
FrP	FrP promet à chacun de nous. La responsabilité des électeurs n'est pas en jeu

Table 5 La répartition des responsabilités.

7. Conclusion : la chute de l'espace public unique

Tous les partis sont pris dans un jeu où les avantages personnels et la discussion des principes (humanitaires) s'opposent, sauf dans trois cas : les radicaux ont complètement évacué les avantages personnels, FrP a complètement évacué la discussion des principes et DF s'élève par son emploi d'images au dessus de toute discussion :

Guy Lochard, chercheur au CNRS, Paris, a produit un modèle très pratique pour positionner les différentes émissions télévisuelles d'informations et de débat. Il s'agit d'une carte à quatre fenêtres, chaque fenêtre représente un type d'imaginaire.

Soc	Essaie de jeter un pont entre discussion de principes et les avantages personnels
Rad	Discussion de principes
SF	Essaie de jeter un pont entre discussion des principes et les avantages personnels
EnH	Essaie de concrétiser la discussion des principes en ayant recours à la fiction
CD	Discussion de principes, illustrée par des exemples concrets. Discussion ou métadiscussion ?
KF	Expose les principes, retombe dans la métadiscussion de principes
Kon	Essaie à tout prix de rendre les principes concrets, mais n'y réussit guère
Ven	Reste très concret, s'il y a des principes ils sont simples
DF	Montre le concret : Le Danemark
FrP	Argumente pour des avantages concrets et personnels

Table 6 : Le jeu des principes et des avantages concrets

Les quatre types d'imaginaires et les émissions télévisuelles de débat

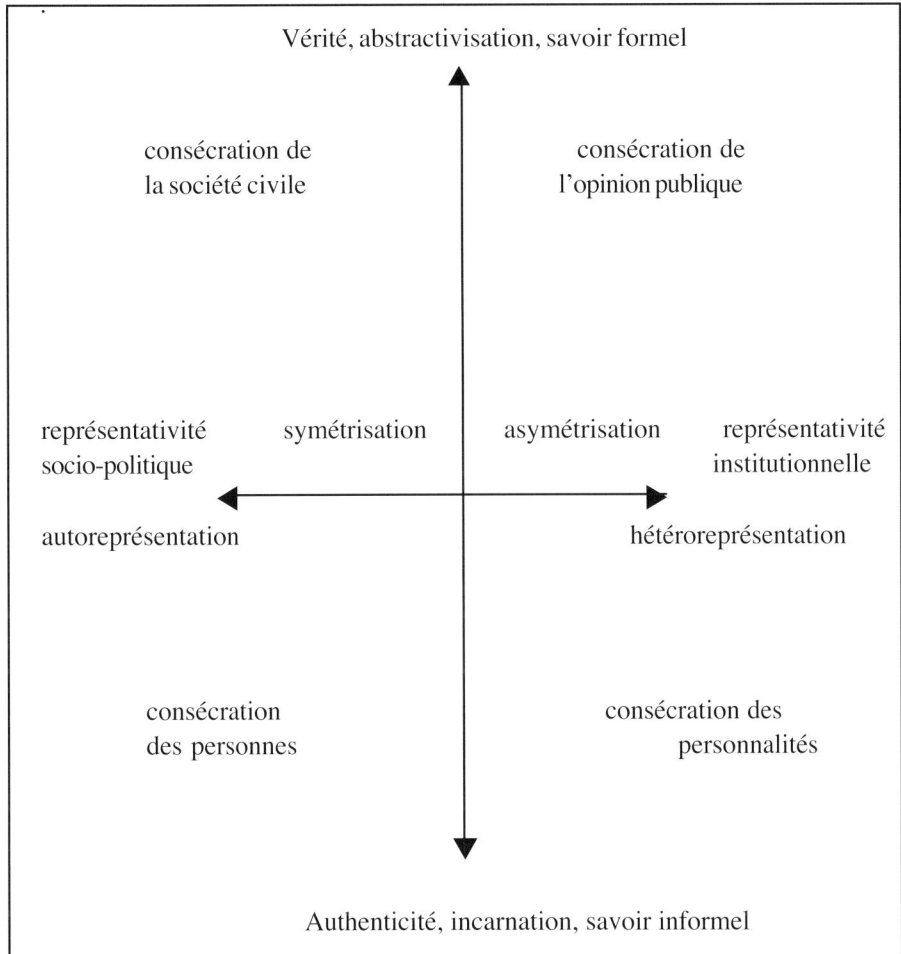

Table 7 Les deux axes de Guy Lochard (communication personnelle).

Ce modèle peut être utile pour les textes où le destinateur cherche à convaincre le destinataire du bien fondé de ce qu'il avance. Il peut s'agir du sermon comme genre, des revendications ouvrières du 19e et du 20e siècles, des informations-publicités télévisuelles des institutions publiques (genre OBS au Danemark), donc d'une forme de publicité dont le destinateur ne tire pas de profit, mais o le destinataire a tous les avantages!

Le sermon s'adresse à chacun de nous, le sermon expose des principes. Il se place donc en haut et à gauche. Un sermon placé en bas et à gauche est un faux sermon, c'est par exemple le discours de publicité pour les lettres d'indulgences, tout ce contre quoi Luther s'est révolté ! Les discours des revendications ouvrières se placent plutôt en bas et à droite avec neanmoins des échappées vers le haut à droite et aussi vers le bas à gauche. Le discours « Robin des Bois » de EL, s'approche de la fenêtre à droite en bas. Les émissions OBS se nichent sur les deux fenêtres à gauche.

Si nous prenons en considération les exigences des partis politiques, nous pouvons les placer sur les fenêtres, mais avec une extrême prudence étant donné que la position des partis est quelques fois très ambiguë et polyvalente.

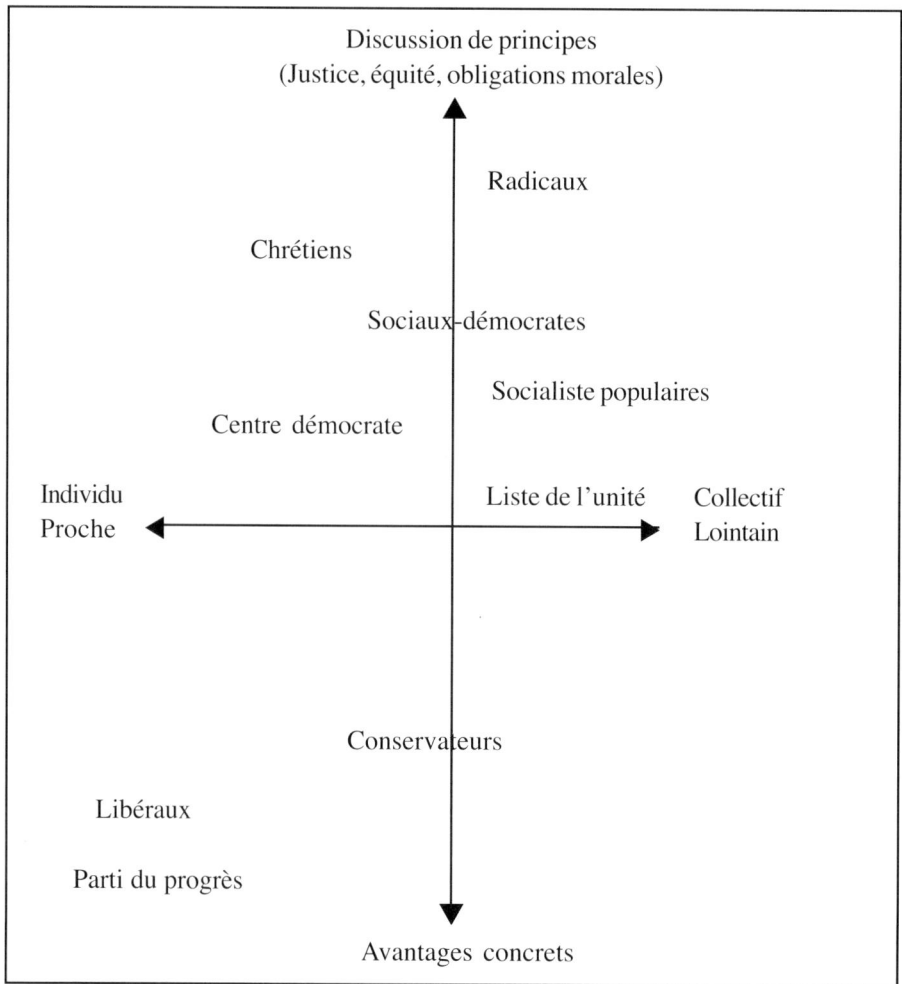

Table 8 *L'emplacement des positions des partis politiques danois – tels qu'elles apparaissent dans les vidéos de présentation.*

DF n'est pas placé sur le schéma. DF couvre tout le champ en bas à gauche. Les images de la vidéo sont concrètes et individuelles, et l'interprétation du destinataire (réel) est nécessairement très incertaine.

Les vidéos ne sont qu'un élément sans grande importance réelle dans la campagne électorale. Mais c'est un élément à haute valeur symbolique. En fait c'est l'élément symbolique par excellence. Si nous regardons le schéma de nouveau nous constatons que le concret et l'individuel sont les valeurs gagnantes. En revanche le raisonnement abstrait et le collectif sont les valeurs qui perdent. Avec une seule exception : les radicaux qui ont un profil constitué par le raisonnement et l'ironie. Les partis qui ont essayé de combiner les valeurs de différents champs ont perdu. Pour les sociaux-démocrates et CD c'est la catastrophe, pour SF, KrF et EL c'est moins clair. Un profil net et clair à la surface voilà ce qui a donné la victoire. Le profil nettement dessiné était surtout le fait de Venstre, de DF et des radicaux qui tous les trois avaient su évacuer les ambiguïtés de la surface du message et de la surface seulement. Le cas de FrP est différent, nous l'avons déjà vu.

Le grand perdant n'est pas les différents partis politiques, c'est *l'espace public classique,* l'espace caractérisé par le raisonnement argumentatif. Les élections de 2001 montrent que maintenant nous sommes dans ce que Bernard Miège a nommé *l'espace des relations publiques généralisées.* Ce dernier stade de l'évolution des types de l'espace public est caractérisé par une fragmentation du public et donc par une communication plus ciblée et par la chute des projets collectifs : « Un espace morcelé et des pratiques individualisées » (Miège 1997, 109 sqq) et « L'enchevêtrement entre espace public et espace privée » (Miège 1997, 127). Plusieurs partis sentent que leur message ne porte pas et essayent de l'ajuster sans savoir comment. C'est surtout le cas de SF et de CD. Le grand gagnant c'est la nouvelle forme de l'espace public.

Référence bibliographiques

Allen, Graham ((2000), *Intertextuality.* London and New York, Routledge.

Chouliaraki, Lilie & Fairclough, Norman (1999), *Discourse in Late Modernity. Edinburgh, Edinburgh University Press.*

Dyrberg, Torben Bech, Dreyer Hansen, Allan og Torfing, Jacob (2000), *Diskursteorien på arbejde*, København, Roskilde Universitetsforlag

Fairclough, Norman (1989), *Language and Power*, London and New York, Longman.

Fairclough, Norman (1992), *Discourse and Social Change*, Cambridge, Polity Press

Fairclough, Norman (1995), *Media Discourse, London*, Edward Arnold.

Fairclough, Norman (2000), *New Labor, New Language ?*, London and New York, Routledge.

Femø Nielsen, Mie (2001), *Replik til journalistikken*, Copenhague, Akademisk Forlag.

Femø Nielsen, Mie (éd) (2001A), *Profil og offentlighed*, Copenhague, Samfundslitteratur.

Howarth, D., Norval, A. J. and Stavrakakis, Yannis (2000), *Manchester*, Manchester University Press.
Hussain, Mustafa, Yilmaz, Ferruh og O'Connor, Tim (1997), *Medierne, minoriteterne og majoriteten*, København, Nævnet for Etnisk Ligestilling.
Madsen, Jacob Gaarde (2000), *Mediernes konstruktion af flygtninge- og invandrerspørgsmålet*. København, magtudredningen.
Mathisen, Werner Christie (1996), *Diskursanalyse for Statsvitere : Hva, hvorfor og hvordan*, Oslo, Working paper 01/97Institutt for statvitenskap, Universitetet i Oslo
Miège, Bernard (1997), *La société conquise par la communication. 2 La communication entre l'industrie et l'espace public*, Grenoble, Presses universitaires de Grenoble.
Nybroe, Jeppe og Mylenberg, Troels (2002), *En anden sandhed*, Lindhardt og Ringhof
Smith, Anna Marie (1994), *New right discourse on race and sexuality*, Cambridge, Cambridge University Press
Titscher, S., Meyer, M., Wodak, R., and Eva Vetter (2000), *Methods of Text and Discourse Analysis*, London, Sage.
Torfing, Jacob (1999), *New Theories of Discourse*, Oxford, Blackwell.
Trads, David (2002), *Danskerne først*, København, Gyldendal
Van Dijk, Teun A (1997), *Discourse as Structure and Process,* London, Sage
Van Dijk, Teun A (1997), *Discourse as Social Interaction*, London, Sage
Vrangbæk, Karsten (2001), *Ingeniørarbejde, hundeslagsmål eller hovedløs høne ? Ventetidsgarantier til sygehusbehandling*, Aarhus, Magtudredningen
Winther Jørgensen, Marianne og Phillips (1999), *Diskursanalyse som teori og praksis*, København, Samfundslitteratur.

Idéologie et locutions adverbiales dans les opérations médiatiques de l'OTAN

Simon Eason

1. Introduction

Entre les mois de mars et juin 1999, l'Organisation du Traité de l'Atlantique Nord a mené une campagne militaire contre la République fédérale de Yougoslavie. Cette campagne, baptisée Opération force alliée, visait à mettre un terme à l'activité militaire au Kosovo, province yougoslave.

Dès le début de l'Opération, des conférences de presse, diffusées en direct notamment par CNN, se tenaient tous les après-midi au siège de l'OTAN à Bruxelles. Quelques semaines après le début de la campagne, il est apparu que les gouvernements britannique et américain étaient peu satisfaits de leurs progrès sur le plan médiatique.

Après la tragique erreur de l'OTAN à Djakovica, qui avait vu un convoi de réfugiés bombardé par l'aviation de l'Alliance, le premier ministre britannique a dépêché à Bruxelles son propre porte-parole, Alistair Campbell, pour essayer de donner un nouvel essor à la campagne médiatique. L'arrivée d'Alistair Campbell à Bruxelles a coïncidé avec la création du Centre des Opérations Médiatiques et, dans le même soucis d'accroître l'efficacité des opérations d'information, il a été décidé d'organiser des points de presse tous les matins, hors camera cette fois-ci. Ceci devait permettre de satisfaire la demande des journalistes, mais aussi (et le terme «briefing» prend ici tout son sens) de mieux préparer ces mêmes journalistes aux rencontres télévisées de l'après-midi. En outre, ces rencontres matinales étaient l'occasion pour le porte-parole de l'OTAN d'approfondir ses relations avec ces journalistes dans un contexte plus informel. Ce sont ces points de presse non-télévisés qui vont retenir notre attention ici.

Dans cet article, le rôle des adverbiaux de type évaluatif dans les textes qui constituent le corpus sera plus particulièrement étudié. Ce rôle semble primordial dans la construction et le maintien, sur plusieurs mois, d'un argument persuasif qui consiste à dire que l'intervention de l'OTAN est juste, et surtout qu'elle est inévitable, comme l'affirmait Tony Blair à Chicago en avril 1999:

(1) This is a just war, based not on any territorial ambitions but on values

Dans ce même discours, apparaît l'idée du caractère inéluctable de l'action au Kosovo, idée qui se trouve étroitement mêlée à l'idéologie néo-capitaliste de la mondialisation:

> *(2) We are all internationalists now,* whether we like it or not. *We* cannot *refuse to participate in global markets if we want to prosper. We* cannot *ignore new political ideas in other countries if we want to innovate. We* cannot *turn our backs on conflicts and the violation of human rights within other countries if we want still to be secure.*

Avant de considérer le rôle des adverbiaux dans la construction et la propagation de cet argument qui veut que l'action de l'OTAN soit inévitable, il semble indispensable de souligner l'importance des données contextuelles et les conditions de production du texte. A cet effet, les questions de registre feront l'objet d'un bref examen, après quoi la sémantique du discours réalisée à travers les adverbiaux sera étudiée plus en détails.

2. Contexte

Il est manifeste qu'il s'agit ici de textes de nature hautement persuasive, et il a beaucoup été question de la *propagande* menée par l'OTAN lors du conflit au Kosovo, quoique Jamie Shea, le porte-parole de l'OTAN, ait naturellement réfuté ce terme.

Comme le fait remarquer Hunston (2000: 197), la réaction d'un interlocuteur à une entité donnée est conditionnée par l'étiquette qui lui est attribuée. Ainsi, nous réagissons différemment aux termes «briefing de presse» et de «propagande» en raison de la place que ces pratiques discursives occupent dans notre société et, peut-être plus encore, en raison de la place qu'elles ont pu occuper dans l'Histoire. Même s'il faut bien admettre qu'il s'agit de la même pratique discursive, si l'on considère la définition la plus neutre du terme de propagande, un briefing informatif sera volontiers considéré comme un effort louable, que *nous* faisons, tandis que la propagande apparaîtra comme une activité répréhensible, menée par l'ennemi. Ainsi, dans le conflit qui nous intéresse, chaque camp a naturellement qualifié le discours du camp adverse de propagande.

L'exemple (3) nous montre clairement que le terme de «propagande» prend nécessairement une charge sémantique négative en temps de guerre, et que la propagande ne peut donc servir que des idéologies ennemies :

> *(3) We have* repeatedly *struck,* as you know, *the* military headquarters *in Belgrade and the* studio headquarters *of a television which* we continue to believe *is used* entirely *to incite* hatred and propaganda.

Il est intéressant de noter ici la structure parallèle des groupes nominaux *the military headquarters* et *the studio headquarters,* coordonnés par *and*, ce qui facilite l'acceptation de la proposition selon laquelle le siège de la télévision serbe est une cible militaire légitime, et surtout que cette télévision, qui semble produire exclusivement de la propagande, est en conséquence une entité nuisible. Dans ce cas, le procès

Idéologie et locutions adverbiales dans les opérations ... 55

«frapper» (*strike*) est connoté positivement et devient souhaitable car il a pour but d'éliminer *propaganda*.

De plus, l'adverbe *repeatedly*, qui ne serait normalement pas considéré comme évaluatif, prend ici la charge sémantique du «souhaitable», par le phénomène de ce que Lemke (1998) appelle la « propagation » et Thompson (1998) la « résonance ». Dans cet exemple, l'évaluation positive de *strike* se propage sur tout le groupe verbal et donne sa coloration positive à *repeatedly*.

Point de propagande, en revanche, du côté de l'OTAN. Le porte-parole lui-même place son discours dans un genre informatif:

> *(4) NATO is waging the information campaign [...] we will continue to stand up here for as long as this operation lasts giving you the honest, straight facts about what we are doing and why we are doing it. That's our policy and we are going to continue it. I don't see this as a propaganda battle, I see this as simply NATO being open, accessible, transparent and putting it's case to public opinion.*

La conférence de presse qui, en temps de guerre, est un élément essentiel de toute campagne d'information *(information campaign)*, est un type de texte aisément reconnaissable. Dans les textes qui nous concernent, un certain nombre d'étapes peuvent être identifiées: le porte-parole ouvre son intervention par une salutation, il souhaite la bienvenue aux journalistes, et détaille ensuite pendant quelques minutes les activités menées par l'OTAN la veille. Vient ensuite une série de questions-réponses qui constitue la partie principale du briefing.

Selon le modèle linguistique systémique-fonctionnel, les registres discursifs peuvent se définir sur trois dimensions : le Champ, la Teneur, et le Mode. Le Champ (*Field* en anglais) concerne le rôle du discours dans un contexte donné ainsi que le domaine référentiel (ici l'Opération force alliée, et plus précisément les mouvements de l'aviation des forces alliées – les fameuses «frappes» de l'OTAN). Le Champ concerne aussi l'action sur le terrain, c'est-à-dire les actions des forces serbes et les mouvements des réfugiés.

La Teneur (angl. *Tenor*) concerne l'interaction sociale et les relations entre locuteurs. En ce qui concerne cette dimension du registre, seules deux des trois dimensions proposées par Martin (1992), à savoir le Statut *(Status)* et le Contact seront évoquées. En termes de Statut, se dessine ici d'une relation que l'on qualifierait plutôt d'inégale. Au niveau extra-linguistique, cette inégalité qui place Jamie Shea dans une position dominante se manifeste par un certain nombre de traits évidents: ce sont ainsi les journalistes, déjà assis dans la salle, qui attendent son arrivée et, lorsque Shea fait son entrée, c'est pour gagner une position symbolique de domination, une estrade sur laquelle il se tient debout pendant la durée du briefing. C'est lui qui va initier le discours, contrôler les tours de parole, et choisir le moment où va cesser la communication. Il est clairement placé dans la position de celui qui détient le savoir tant recherché par ses interlocuteurs.

Cette impression d'inégalité dans les relations entre les journalistes et le porte parole implique l'idée d'une certaine distance. Certains éléments viennent cependant troubler cette analyse: ainsi Jamie Shea échange souvent des plaisanteries avec les journalistes et l'utilisation réciproque de vocatifs familiers suggère au contraire un certain degré de familiarité. Dans le même ordre d'idée, la presse britannique a largement évoqué l'accent londonien du porte-parole de l'OTAN ainsi que ses origines sociales modestes. Dans un contexte anglo-saxon, ceci tendrait à favoriser un rapprochement entre Shea et les journalistes, rapprochement qui se serait plus difficilement produit si le porte-parole de l'OTAN avait été un officier supérieur, dont le *Queen's English* et l'extraction sociale auraient au contraire créé une distance avec les journalistes.

Concernant la dimension du Contact, le but de Jamie Shea est de promouvoir la solidarité avec les journalistes, ce qu'il fait surtout lors des phases interactives des briefings, et vers la fin de son intervention, lorsqu'il discute avec les journalistes dans un contexte plus informel. A mesure que la campagne progresse, Shea entretient avec les journalistes des liens de plus en plus étroits. Il les cotoie quotidiennement et est même assez proche de certains (Shea travaillera plus tard avec Mark Laity, journaliste respecté à la BBC, qui est d'ailleurs lui-même devenu porte-parole de l'OTAN à l'issue du conflit au Kosovo).

Ceci se manifeste dans le discours et les transcriptions des points de presse font ainsi apparaître un nombre très important de vocatifs familiers. Au niveau du lexique, des termes techniques specialisés sont employés et il est fait allusion à des connaissances assez pointues, qui semblent indiquer l'appartenance à une petite communauté de discours, en l'occurence celle des spécialistes en affaires militaires. Prenons à titre d'exemple l'énoncé en (5):

(5) *The F-16, as you know, is a single-engined aircraft...*

La proposition *as you know* fonctionne ici comme adverbial dans l'énoncé. Il est assez peu certain que les journalistes présents sachent effectivement que le F-16, contrairement à d'autres appareils, n'est doté que d'un seul moteur, mais la réussite de l'opération médiatique dépend en grande partie de la capacité de Jamie Shea à maintenir des relations de solidarité avec des journalistes qui ne sont pas nécessairement des spécialistes du domaine militaire. La locution *as you know* sert à postuler l'existence d'un savoir spécialisé commun qui n'existait d'ailleurs pas, comme Shea ne pouvait manquer de l'ignorer, puisque, parmi les journalistes présents, très peu se trouvaient être des spécialistes de ces questions militaires.

La dernière dimension du registre est le Mode, et concerne le canal (écrit ou oral) ainsi que le type de texte (didactique, persuasif, etc.). En ce qui concerne le canal, il s'agit ici d'écrit (une partie du briefing consistait toutefois en une lecture de la liste des cibles attaquées et des autres activités de la veille), puis à du discours oral pour ce qui concerne la partie questions / réponses.

L'analyse du Mode se trouve compliquée par le fait que le corpus est constitué à partir des transcriptions officielles de ces points de presse, disponibles sur le site Internet de l'OTAN. Ces transcriptions sont associées à des bandes sonores, des images, et d'autres textes sur le Kosovo (des publications du ministère de la défense britannique, par exemple), le tout constituant une opération d'information post-conflit. Il s'agit donc de la représentation officielle écrite d'un événement oral.

Cette complexité au niveau du Mode soulève des questions théoriques et méthodologiques liées à la transcription, dont il ne sera pas question ici. Concernant le fonctionnement du texte, le but de la communication de l'OTAN est d'informer les journalistes des événements sur le terrain tout en relayant le «message» de l'Alliance, qui veut que les frappes soient justes et nécessaires. Il s'agit manifestement d'un texte de type persuasif.

3. Attitude et Engagement

Après cet examen des données contextuelles, la sémantique du discours et la réalisation de l'Evaluation dans les textes méritent d'être analysées.

L'étude des aspects évaluatifs d'un texte amène le plus souvent à s'intéresser aux choix lexicaux, c'est-à-dire par exemple au choix des épithètes de type évaluatif, ou bien aux noms (tragédie v. triomphe), mais aussi aux procès (*frapper* des cibles vs *visiter* des cibles). Il s'agit ici des ressources mobilisées pour exprimer la sémantique de l'Attitude.

Des énonciateurs prenant position par rapport aux propositions qu'ils avancent se placent dans le système de l'Engagement. Il s'agit ici d'engagement dans le sens « d'entrer en discussion avec ». Pour prendre position par rapport à leurs propositions, les énonciateurs puisent dans les ressources lexicogrammaticales de la langue telles que la négation, les auxiliaires de modalité, la projection, le discours rapporté, les adverbiaux aux fonctions modalisatrices. Traditionnellement, on parle de la valeur épistémique de ces ressources, et du positionnement de l'énonciateur par rapport à la *validité* d'une relation prédicative. Cette approche, très répandue chez les grammairiens britanniques, trouve son écho dans certaines approches françaises telle que la Théorie des opérations énonciatives de Culioli (1990).

Nous allons préférer à ces méthodologies des approches qui minimisent l'importance de la relation entre individu et énoncé, et qui replacent l'énonciateur dans un système social au sein duquel les significations sont à négocier et à renégocier, et dans lequel il n'y a jamais de *straight facts*, pour reprendre la formule de Jamie Shea.

Autrement dit, nous privilégions ici le point de vue de Halliday et sa conception de la langue comme sémiotique sociale. Toutefois, certains aspects de la composante interpersonnelle de la langue telle qu'elle est présentée dans le modèle standard de la linguistique systémique fonctionnelle - le traitement de la modalité par exemple- semblent assez fortement influencés par les approches traditionnelles qui ont été évoquées plus haut. C'est pourquoi l'approche privilégiée ici sera celle de chercheurs tels que Lemke (1992, 1995, 1998), Martin (1992, 2000), White (1999) et Fairclough (1995), qui insistent sur la réception du texte par des co-énonciateurs potentiels, et sur les notions bakhtiniennes d'intertextualité et d'hétéroglossie.

Gardant à l'esprit cette approche dialogique, une catégorisation provisoire des éléments traités dans les textes serait la suivante:

Evidence *(Obviousness)*	*obviously, clearly, of course,* bien-sûr
Usualité *(Expectability)*	*as you would expect, naturally*
Portée	*mainly, in general*
Probabilité	*perhaps, probably, certainly, I think (hedge)*
Réalité	*indeed, in fact*
Source	*I think (booster), as far as we are concerned*
Souhaitabilité *(Desireability)*	*thankfully, hopefully (un)fortunately*
Importance	*incidentally, just, by the way*
Normativité	*quite appropriately*
Véracité *(Truthfulness)*	*(quite) frankly, honestly,*
Style	*briefly*
Vocation	*John*

Tous ces exemples sont des éléments qui fonctionnent, ou qui peuvent fonctionner, comme *Adjunct,* selon la terminologie des grammairiens anglophones. Il s'agit de la composante (non obligatoire) de la proposition qui ne pourrait pas fonctionner comme sujet (contrairement à un complément). Cet element, qui peut être de type circonstanciel (ex. *au kosovo*), textuel (ex. *cependant*), ou évaluatif (ex. *comme vous le savez, malheureusement*), est souvent traduit en français par «Ajout» et peut être glosé comme «adverbial». Il peut être réalisé par une large variété de formes grammaticales : adverbes simples, phrases prépositionnelles, propositions finies et non finies.

Dans le corpus qui compte 96 500 mots, 1366 éléments adverbiaux de type évaluatif ont été identifiés, soit l'équivalent d'un taux de 1415 occurrences pour 100 000 mots. Il est à noter que dans un corpus de conversation générale, Conrad et Biber (2000) font état de 700 occurrences pour 100 000 mots et de 400 occurrences pour ce qu'ils nomment le «registre académique». Il convient donc de rechercher une explication à ce taux très important d'occurrences d'adverbiaux dans le corpus ici considéré.

Dans le corpus, les adverbiaux réalisent toutes ces catégories sémantiques, à l'exception de la Normativité. Il est important de garder à l'esprit que cette dimension évaluative est effectivement réalisée dans le texte, mais pas par des Ajouts. Certaines des dimensions évaluatives, comme la Souhaitabilité, par exemple, ne sont pas *prioritairement* réalisées par des Ajouts. Dans le corpus considéré, lorsqu'une proposition est évaluée comme Souhaitable par un Ajout, il s'agit essentiellement d'une proposition évoquant le retour sains et saufs des avions de l'OTAN à la base, ce qui est naturellement effectivement souhaitable et même essentiel dans un contexte de guerre moderne à l'occidentale, où seul un niveau de pertes de vies humaines proche de zéro est acceptable dans le camp allié.

Les évaluation de type non souhaitable ont le plus souvent trait à la souffrance des Kosovars:

> (6) *Our principal objective [...] is to stop the suffering of a* very, very much larger *number of people in Kosovo, suffering of course [Evid] which is not so visible unfortunately [Souhait] in terms of TV pictures, but which is nonetheless* very, very real *and should never, never be forgotten. And many people are involved in that unfortunately [Souhait] as the ethnic cleansing, the refugees and the horror stories continue to* **mount up**.

C'est la réalité et l'importance de cette souffrance et de ce que l'on a appelé «la purification ethnique» qui sont à négocier ici. L'occurrence de *very very much larger*, *very very real* et *mount up* semble constituer un exemple de ce que Lemke (1998) appelle la co-évaluation, où des liens cohésifs sont créés sur une même dimension évaluative (ici la dimension Importance). Cette souffrance est donc réelle, massive et croissante, ce que l'on évalue naturellement comme non souhaitable. Ce qui est aussi non souhaitable, c'est l'absence d'images pour montrer la réalité du phénomène déploré: «*In the TV age*, disait Jamie Shea après le conflit, *pictures are crucial. The Serbs had the advantage over us in that they could generate pictures from the ground, usually of NATO's collateral damage, wheres we often could only counter with words*».

L'ensemble de ces dimensions évaluatives ne saurait être évoqué ici. Les évaluations les plus fréquemment réalisées par les adverbiaux sont l'Evidence, l'Usualité, la Probabilité et la Source – puisque plus de 90% des ajouts réalisent ces dimensions évaluatives. Il est singulier de noter que plus de 50% des occurences réalisent la seule dimension de l'Evidence. La prédominance de cette dimension évaluative reflète bien la fonction sociale de ce type de discours et confirme une fois encore l'inscription du corpus dans un genre hautement persuasif.

Le cas de l'adverbe *of course* témoigne de l'importance de cette catégorie dans le corpus. Dans la conversation générale, cet adverbe apparaît avec une fréquence de 28 à 40 occurences pour 100 000 mots, moins dans d'autres genres. Dans le corpus étudié, le taux est de l'ordre de 227 occurrences pour 100 000 mots. C'est la présence massive de cet adverbial et d'autres adverbiaux réalisant la même dimension sémantique, comme *obviously* et *as you know*, qui explique que le corpus contienne presque deux fois plus d'adverbiaux que la conversation courante.

4. L'Evidence

Les travaux de Capone (2001) éclairent fort utilement la sémantique de l'orientation évaluative de l'Evidence. Plusieurs classes d'occurrences pour les adverbiaux réalisant cette dimension peuvent être distinguées; trois catégories sont utilisées ici pour classer ces adverbiaux.

Capone illustre le premier type d'occurrences par l'exemple d'un enseignant qui dit à ses élèves «*obviously* + *proposition*». Le rôle d'un enseignant étant d'expliquer quelque chose de nouveau, la proposition qu'il avance ne va probablement pas de soi pour ses élèves. Dans un tel contexte, l'implication est donc que les élèves doivent accepter la proposition avancée, ou qu'ils devraient être en mesure de comprendre la logique de la proposition. Dans les briefings de l'OTAN, une inégalité au niveau du statut ou du pouvoir a déjà été évoquée, du point de vue de la Teneur.

Cette inégalité n'est pas tout à fait du même ordre que celle qui existe entre l'enseignant et ses élèves, mais certains emplois des marqueurs de la dimension de l'Evidence peuvent être glosés par «ceci devrait être évident pour vous». Capone attribue à Higginbotham le terme « fonction normative » pour ce type d'occurrence. L'énoncé en (7) fournit un exemple de ce type, bien qu'ici l'évaluation ne soit pas réalisée par un adverbial :

> *(7) Question: Between whom [is the meeting going to take place] ?*
> *Jamie Shea: That is obvious [Evid : Norm], if you don't mind my saying so, between the representatives of General Jackson and the representatives of the Yugoslav Generals.*

Dans (8) le même type d'évaluation est réalisé par un adverbial:

> *(8) Jake Lynch, Sky News: Just to press that point again, if the International Court of Justice decides that these 10 countries have acted illegally in carrying out Operation Allied Force, the majority of NATO countries, will NATO accept the jurisdiction of that court?*
>
> *Jamie Shea: Again Jake, as I have said, this is not something for NATO, this is something for the 10 NATO countries and you should obviously [Evid : Norm] put your question to the 10 NATO countries concerned.*

Dans cet exemple, il est question de la légalité de l'opération *Allied Force* et de la citation à comparaître devant le Tribunal International de la Haye de 10 des 19 pays

Idéologie et locutions adverbiales dans les opérations ... 61

membres de l'OTAN. Ici, Jamie Shea rappelle que l'OTAN n'est pas une organisation indépendante et que les décisions de ce type ressortissent aux gouvernements des pays qui constituent l'organisation. Ceci devrait être évident, selon Jamie Shea, pour un journaliste comme Jake Lynch.

(9) No, it is obviously [Evid : Norm] the choice of the Operational Commanders to choose the targets.

Ici encore, chacun devrait savoir qu'en temps de guerre, ce sont des militaires qui choisissent les cibles, même si lors de la guerre au Kosovo, des listes de cibles ont très souvent été négociées au niveau gouvernemental. Ce qui est en jeu, c'est la légitimité de certaines cibles.

Examinons maintenant la deuxième classe d'occurrences et considérons dans un premier temps l'exemple en (5). Il semble que la classification de cette occurrence en normative soit discutable.

(5) The F-16, as you know [Evid : Conv], is a single-engined aircraft.

La question de la construction de la solidarité a été évoquée plus haut et il semble qu'il s'agisse ici davantage d'une tentative de ce type. L'énonciateur ne dit pas «vous devriez savoir ceci» mais plutôt «vous savez ceci comme moi, car nous sommes tous du métier». Nous pouvons considérer l'adverbial dans ce cas comme marqueur de Convergence.

(10) I would hope very much that China will work constructively with Russia - Mr. Chernomyrdin is there today of course [Evid : Conv] in Beijing

L'exemple en (10) peut être considéré comme une simple particule du discours qui marque la pertinence des propos de l'énonciateur. Dans ce cas, la fonction primaire de l'adverbial est plutôt textuelle. Il semble néanmoins subsister un élément de l'ordre de l'interpersonnel dans ce type d'exemple, car l'énonciateur postule ici l'existence d'un degré de connaissance partagé des affaires internationales du moment. Pour cette raison, ce type d'exemple «mixte» a été inclus lors de l'inventaire des Ajouts réalisant les dimensions évaluatives.

Le troisième type d'occurrence concerne les énoncés qui contiennent des propositions qui ne peuvent pas raisonnablement être considérées comme évidentes.

(11) John Sweeney, Observer: Earlier you said that the Apaches shouldn't be seen as a make or break weapon, but I picked this up in northern Albania the other day, it is a NATO leaflet and it is in Serb, there is a picture of an Apache and says: „We are coming to get you". So are we now putting out a new leaflet saying the Apaches aren't coming to get the Serbs?

> *Jamie Shea : That is a good question, John. Obviously [Exp : App], as you can imagine [Usual], I don't write the NATO leaflets, but when I explain the NATO policy from up here I can tell you, as I have said all along, the Apache is a good additional capability, but it is nothing more than that.*

Si on accepte que John Sweeney pouvait raisonnablement imaginer que Jamie Shea ait un rôle à jouer dans la rédaction des tracts de l'OTAN, il est alors possible d'analyser cette occurrence de *obviously* comme un cas de demande d'Approbation, où l'énonciateur est à la recherche d'un consensus. Il serait également possible de considérer qu'il s'agit d'un exemple de la fonction normative. L'analyse dépendra en grande partie de la connaissance des affaires militaires que l'on veut bien attribuer au journaliste: celui-ci est-il censé savoir que la rédaction de tracts largués par avion sur le territoire ennemi est plutôt du ressort des unités chargées des opérations psychologiques et non pas des opérations d'information?

> *(12) Obviously [Evid : App] on Saturday morning when we learned about the attack on the Chinese embassy, the mood was very sombre, as you can imagine [Usual].*

Dans l'exemple (12) il s'agit de rechercher un consensus autour de la validité de la relation prédicative *Mood/Sombre*. Ce qui est en jeu, c'est la réfutation de la thèse selon laquelle la frappe sur l'ambassade chinoise était préméditée.

5. Organisation et texture évaluative

Le concept de „cohérence évaluative" a été defini par Thompson et Zhou (2000) comme «the way in which [...] writers work to convey a consistent personal evaluation of the topic they are dealing with». Comme il a été vu, on peut accorder le statut de particules ou marqueurs de discours à certains adverbiaux qui interviennent dans la structure rhétorique du texte. Quelques cas seront ici examinés, tout en restant dans la dimension sémantique de l'Evidence.

L'adverbial marque parfois la Concession et pourrait être glosé par «je vous accorde que»:

> *(13) Of course, those modalities will have to be approved politically in Moscow and also politically by the North Atlantic Council here but I imagine that as soon as we get the G8 process over and we get the UN Security Council resolution under way, then we will get close to the start of those talks between NATO and Russia.*

Comme le font remarquer Thompson et Zhou, ce type d'exemple contribue à la dimension dialogique d'un texte, car il évoque à la fois la présence de l'énonciateur et la conscience qu'a celui-ci de la présence de son interlocuteur.

Lewis (à paraître) identifie trois types de marqueurs métatextuels, c'est-à-dire des marqueurs qui font référence au rôle dans le discours de la proposition sur laquelle ils portent Le premier type concerne l'arrière-plan (angl. *Background*) :

(14) We struck fuel stores at Posega, bridges in three locations - Tresenic, Mure and Bare - and of course, as you know from yesterday already, a NATO aircraft engaged and shot down a Yugoslav MiG-29 yesterday around the early afternoon.

Le deuxième type marque un changement dans le champ ou le sujet de discussion (ce que Lewis appelle le «topic shift») :

(15) Obviously [the search and visit regime] has to be militarily effective but it has to be something that politically the Allies can live with as well.

Ici l'adverbe opère une translation depuis le domaine de l'efficacité militaire vers le politiquement acceptable, qui est tout aussi important dans une guerre moderne.

Enfin, le troisième type est constitué par les adverbiaux apparaissant vers la fin d'une énumération pour annoncer une dernière information nouvelle, accompagnée d'une intonation descendante:

(16) I hope very much that the G8 Political Directors will be able to get down to their work quickly in identifying the modalities that we are going to need to translate of course the principles, the five essential conditions, of NATO and the G8 principles, into a plan, a road map, [1] for setting up a transitional authority in Kosovo, [2] for overseeing the departure of the Serb forces, [3] for the introduction of an international security forces, [4] the modalities to define the composition, the mandate for that force - all these are very important – [5] to work out who is going to do what in terms of the involvement of the various international institutions in the arrangements for Kosovo, [6] the planning for the return of the refugees and [7] of course at the same time, Jonathan, working on the text of the UN Security Council resolution which would endorse this approach, would give it the value of international law and make it clear to Milosevic that this is the will of the international community which he cannot and will not be able to resist.

Les exemples présentés dans cet article attestent que les locutions adverbiales peuvent intervenir tout au long de la phrase, même si une préférence pour la position thématique ou préverbale peut être notée car, ainsi que Halliday (1994) le note, tout comme les conjonctives, nous trouvons ces constructions à des endroits dans la phrase qui sont importants pour l'organisation textuelle.

La répétition et la synonymie semblent particulièrement importants comme éléments cohésifs. En dehors de l'occurrence massive d'Ajouts réalisant la dimension évaluative que nous avons nommé l'Evidence, d'autres marqueurs de cette même dimension évaluative apparaissent, sous une forme grammaticale différente, comme dans la formule «It is obvious that p». Ce type de structure renforce le ton évaluatif créé par les adverbes *obviously*, *of course*, *clearly* et les autres marqueurs de cette dimension sémantique. En outre, ces adverbes étant quasiment synonymes, ils se répondent les uns aux autres pour appuyer le message selon lequel ce que dit l'énonciateur est en conformité avec ce que le co-énonciateur sait ou doit savoir.

6. Conclusion

Comme le rappelle Lemke (1998), il est intéressant lors de l'étude des aspects évaluatifs d'un texte de déterminer quelles dimensions évaluatives sont privilégiées, et de s'interroger sur la façon dont les évaluations participent à la cohérence générale du texte. Comme il a été vu, dans bien des cas, les locutions adverbiales réalisent la dimension de l'Evidence. Certaines de ces constructions contribuent à la construction de la solidarité entre énonciateurs tandis que d'autres insistent sur le fait que le point de vue de l'OTAN doit être considéré comme conforme aux attentes des journalistes et du public. D'un point de vue idéologique, c'est cette conformité qui évoque la légitimité de l'Opération force alliée.

Références bibliographiques

Blair, Tony. (1999), *Doctrine of the international community*, Economic Club of Chicago, 22 avril 1999.
Capone, Alessandro. (2001), *Modal Adverbs and Discourse: Two Essays*, Pisa: Edizioni ETS.
Conrad, Susan and Douglas Biber. (2000), "Adverbial marking of stance in speech and writing" in Susan Hunston and Geoffrey Thompson eds. in *Evaluation in Text: Authorial Stance and the Construction of Discourse*, Oxford: O.U.P.
Culioli, Antoine. (1990), *Pour une linguistique de l'énonciation*, Paris: Ophrys.
Fairclough, N. (1995), *Critical Discourse Analysis*, London: Longman.
Graham, Phil. (2002). "Predication and propagation : A method for analysing evaluative meanings in technology policy" in *TEXT*, 22 (2).
Halliday, Michael. (1994). *An Introduction to Functional Grammar 2nd. edn.*, New York: Arnold.
Hunston, Susan. (2000), "Evaluation and the planes of discourse" in Susan Hunston and Geoffrey Thompson eds. in *Evaluation in Text: Authorial Stance and the Construction of Discourse*, Oxford : O.U.P.
Lemke, Jay. (1998). "Resources for attitudinal meaning : Evaluative orientations in text semantics" in *Functions of Language*, 5-1, 33-56.

Lemke, Jay. (1995), *Textual Politics*, London: Taylor & Francis.

Lemke, Jay. (1992), "Interpersonal meaning in discourse: value orientations". Martin Davies & Louise Ravelli (ed.), *Advances in systemic linguistics: recent theory and practice*. London: Pinter. 82-105.

Lewis, Diana. (à paraître). „Rhetorical motivations for the emergence of discourse particles with special reference to English of course", in A. van den Wouden (ed.) *Discourse particles, modal and focal particles and all that stuff*. Special edition of the Belgian Review of Linguistics. Amsterdam: John Benjamins.

Martin, James. (2000), "Beyond exchange: Appraisal systems in English" in Susan Hunston and Geoffrey Thompson eds. In Evaluation in Text: Authorial Stance and the Construction of Discourse, 153-175, Oxford : O.U.P.

Martin, James. (1992). *English Text*, Amsterdam, John Benjamins.

Shea, Jamie. (2000), „The Kosovo crisis and the media: Reflections of a NATO spokesman" in *NATO's Nations and Partners for Peace*, 1, 39-46.

Thompson, Geoffrey. (1998), „Resonance in text" in A. Sanchez and R. Carter eds. in *Linguistic Choice across Genres: Variation in spoken and written language*, Amsterdam: John Benjamins.

Thompson, Geoffrey and Jianglin Zhou. (2000), „Evaluation and organization in texts: The structuring role of evaluative disjuncts" in Susan Hunston and Geoffrey Thompson eds. in *Evaluation in Text: Authorial Stance and the Construction of Discourse*, Oxford: O.U.P.

White, Peter. (1999), *An introductory tour through appraisal theory*, <http://www.grammatics.com/appraisal>, 22 avril 2002.

2. La polyphonie linguistique : comment et pourquoi ?

Les racines de la théorie SCAndinave de la POlyphonie LINguistiquE, *ScaPoLine* se retracent aux travaux de Ducrot. La ScaPoLine se distingue néanmoins radicalement de l'approche ducrotienne à certains points cruciaux, ce qui s'explique par le fait que cette théorie constitue la partie théorique linguistique du projet des *Polyphonistes Scandinaves*, dont le principal objet est de créer un cadre dans lequel linguistes et littéraires pourront collaborer étroitement, collaboration basée justement sur la notion de polyphonie.[1] Contrairement à Ducrot, nous nous intéressons, dans notre groupe, (aussi) aux interprétations virtuelles (réelles) des énoncés – et de leurs fonctionnements et interprétations comme parties intégrantes des textes. Ce but ultime de la construction théorique explique la forme particulière qu'a prise notre théorie.

La ScaPoLine s'occupe principalement de la création du sens au niveau de l'énoncé. Le fait que l'énoncé renferme des traces de ses protagonistes est bien connu. Et cela de multiples façons. On peut songer aux pronoms personnels, aux adjectifs connotatifs, aux modalités, etc. Cette présence des participants du discours est un phénomène profondément intégré dans la langue naturelle. Celle-ci renvoie en effet constamment à son propre emploi : elle est *sui-référentielle*. Or, si l'on pousse un tant soit peu l'analyse de ces aspects, on verra que d'autres points de vue que ceux de l'émetteur et du récepteur peuvent être véhiculés à travers l'énoncé. Ainsi, dans un énoncé comme (1) :

(1)   Ce mur n'est pas blanc[2]

on a nettement l'impression que deux points de vue (incompatibles) cohabitent :

(1') pdv_1 : 'ce mur est blanc'
        pdv_2 : 'pdv_1 est injustifié'

Si l'émetteur s'est servi de la négation, c'est en effet parce que quelqu'un pense (ou aurait pu penser) que le mur est blanc (pdv_1), ce qui est contraire à l'opinion de l'émetteur (pdv_2). Notons qu'alors que pdv_2 (qui prend le contre-pied de pdv_1) est forcément le point de vue de l'émetteur (ce qu'on voit par le fait que celui-ci ne peut

---

[1] Pour une présentation de notre groupe et de son travail, voir notre site WEB : www.hum.au.dk/romansk/polypfoni.

[2] Cet exemple est l'exemple classique dans la littérature portant sur la polyphonie. Il révèle d'ailleurs une autre source d'inspiration. En effet, l'exemple est emprunté aux travaux du philosophe Henri Bergson qui analyse en détail l'exemple *Cette table n'est pas blanche* (1957 : 288). D'une manière générale, ce n'est pas par hasard que la théorique polyphonique linguistique s'est développée en France où on connaît, depuis Bally en passant par Benveniste, une forte tradition pour une linguistique énonciative.

pas – dans un discours cohérent – nier avoir ce point de vue), on ne peut pas déduire du seul énoncé *qui* est responsable du premier.[3]

Ce sont des observations de ce genre qui ont inspiré le développement de la ScaPoLine. L'important est alors que l'existence de ces deux points de vue est marquée dans les matériaux linguistiques mêmes par la présence de la négation *ne...pas*. En effet, elle se révèle dans la nature des enchaînements possibles :

(1)   Ce mur n'est pas blanc.

(2)   a. – Je le sais.
          b. (...), ce que regrette mon voisin.

(3)   a. - Pourquoi le serait-il ?
          b. (...), ce que croit mon voisin.
          c. (...) Au contraire, il est tout noir.

On verra que les réactions (monologales comme dialogales) dans (2) renvoient au point de vue (négatif) de l'émetteur, alors que celles de (3) (monologales comme dialogales) enchaînent sur le point de vue positif (sous-jacent) véhiculé à travers (1). Il est à remarquer que même les enchaînements monologaux dans (3) s'attachent à ce dernier point de vue, dont l'émetteur se distancie explicitement. En effet, là où, dans (2b.), mon voisin regrette que le mur *ne* soit *pas* blanc, dans (3b.), il croit qu'il *est* blanc. De même, dans (3c.), le fait que le mur soit tout noir n'est pas contraire au fait qu'il *n'est pas* blanc : c'est contraire au point de vue selon lequel il *serait* blanc. Cette double possibilité d'enchaînement n'existerait pas sans la présence de la négation grammaticale.

Cette manière d'argumenter illustre d'ailleurs un trait essentiel de la ScaPoLine : celle-ci traite des phénomènes qui sont engendrés dans la langue en principe indépendamment de son emploi. Son objet est ce que disent les énoncés en tant qu'énoncés. Ainsi, si elle dit que le locuteur a tel ou tel point de vue, il ne s'agit pas du locuteur réel ou physique en chair et en os – celui-ci est sans intérêt pour l'analyse proprement linguistique – mais du locuteur en tant qu'objet du discours. Par exemple, si on peut lire sur une bouteille de jus de fruit : « Je me bois sans sucre », c'est le jus de fruit qui est locuteur de cet énoncé.

La **structure polyphonique** se situe en effet au niveau de la langue (ou de la phrase), et c'est la raison pour laquelle elle ne se découvre pas par une étude des interprétations ou des emplois *possibles* des énoncés, mais seulement par un examen

---

[3] L'identification de cette instance est évidemment de première importance pour toute analyse textuelle ; or pour cette identification, l'interprète (c'est-à-dire celui qui cherche de comprendre le texte) doit avoir recours aux informations co- et contextuelles, y compris son savoir encyclopédique. Voir plus loin.

des (co)textes auxquels ceux-ci sont susceptibles de s'intégrer. En revanche, la structure polyphonique fournit des instructions relatives à l'interprétation de l'énoncé de la phrase, ou plus précisément aux interprétations possibles de celui-ci. C'est dans ce sens que la théorie polyphonique est une **théorie énonciative, sémantique, discursive, structuraliste et instructionnelle**. Elle est énonciative parce qu'elle traite de l'énonciation ; elle est sémantique parce son objet est le sens des énoncés ; elle est discursive parce que le sens est vu comme constitué de traces d'un discours cristallisé et parce que ce sens concerne l'intégration discursive de l'énoncé ; elle est structuraliste parce qu'elle part d'une conception structuraliste de l'organisation du discours ; elle est instructionnelle parce qu'elle fournit des instructions pour l'interprétation de l'énoncé. Ces instructions peuvent être plus ou moins précises. Dans l'énoncé de (1), l'instruction consiste à faire comprendre au récepteur que deux points de vue contradictoires sont en jeu, l'un positif, l'autre négatif, et que le locuteur s'associe au dernier. Mais elle n'exprime rien quant à la source du point de vue positif. L'output linguistique sera donc à concevoir comme une structure renfermant quelques variables. Dans notre cas spécifique, la valeur d'une des variables est précisée, alors que celle de l'autre reste tout à fait ouverte. Dans le processus interprétatif, le récepteur physique cherchera alors automatiquement (et inconsciemment) à découvrir l'identité de celui qui est responsable de l'autre point de vue (en l'occurrence pdv_1). Le résultat de ce procédé est la création d'une **configuration polyphonique** qui fait partie de sa compréhension du texte global auquel il est confronté.

Récapitulons l'essentiel. La polyphonie fait partie du sens de l'énoncé, or la signification de la phrase fournit le plus souvent des instructions relatives à cette polyphonie observable. Pour préciser le niveau d'analyse, nous distinguons la **configuration polyphonique** (abrégée en **configuration**), qui est liée au niveau de l'énoncé étant ainsi un observable, et la **structure polyphonique** (abrégée en **structure-p**), qui est un fait de langue. Par ses instructions, la structure-p pose des contraintes sur l'interprétation de la configuration. Nous dirons qu'un élément du sens est *marqué* dans la signification si celle-ci comporte des instructions relatives à la création de cet élément. Dans ce cas, nous dirons aussi que l'élément en question laisse des traces (linguistiques) dans la signification. Il nous semble être là la manière dont on se sert normalement – et le plus souvent intuitivement – de ces deux notions.

La structure-p se compose des instructions qui marquent des éléments de la configuration. Travaillant au niveau de la signification, donc de la phrase, la ScaPoLine traite en principe uniquement de la structure-p. Il est néanmoins important d'étudier également la configuration, et cela pour au moins deux raisons :

- pour pouvoir analyser les traces de la configuration, il est nécessaire de connaître la forme de celle-ci dans les détails. En effet, il faut connaître les éléments du sens pour pouvoir formuler des hypothèses sur la nature des instructions susceptibles de construire ce sens ;

- la ScaPoLine est un module d'une construction théorique plus complexe, et la configuration sert de pont aux analyses textuelles et par la suite aux analyses proprement littéraires (cf. Nølke 1999a).

3. La configuration polyphonique

Considérons donc d'abord la configuration. Faisant partie du sens, elle est un élément de la description sémantique de l'énoncé. Or l'énoncé est conçu comme le résultat de l'énonciation et est ainsi une image de cette énonciation. Il s'ensuit que la configuration renferme des images des instances énonciatives et notamment du locuteur qui, en effet, est l'élément constitutif de la configuration.

La configuration est construite par le locuteur et se compose de 4 éléments, à savoir le locuteur lui-même et 3 types d'*entités construites* par celui-ci :

Le **locuteur** (abrégé en **LOC**) est responsable de l'énonciation.[4] Le locuteur construit les éléments dont se compose la configuration polyphonique.
Les **points de vue** (abrégés en **pdv**) sont des entités sémantiques porteuses d'une source qui est dite avoir le pdv. Les sources sont des variables[5].
Les **êtres discursifs** (abrégés en **ê-d**) sont des entités sémantiques susceptibles de saturer les sources.
Les **liens énonciatifs** (abrégés en **liens**) relient les ê-d aux pdv.

La configuration construite par le locuteur se compose donc de pdv reliés aux êtres discursifs par différents liens. Tous ces éléments sont susceptibles d'être marqués dans la signification, mais ils ne le sont pas forcément. Les éléments marqués forment la structure-p. On peut illustrer la configuration polyphonique de l'énoncé sous (1) ainsi :
    Figure 1

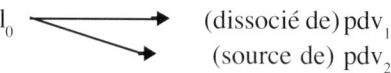

où l_0 est (l'image de) le locuteur. On notera que la configuration ne renferme aucune indication de la source de pdv_1.

---

[4] Précisons qu'étant un élément du sens, le locuteur est bien sûr celui qui est responsable de l'énonciation *selon l'énoncé*.

[5] Les sources correspondent aux *énonciateurs* de Ducrot.

4. Les éléments fondamentaux

Considérons de plus près les 4 éléments fondamentaux de la configuration.

4.1. LOC
Le locuteur est toujours présent dans la configuration dans la mesure où c'est lui qui est constructeur du sens. Il peut être indiqué par différents moyens linguistiques comme les pronoms de la première personne, certaines expressions modales, etc. Le locuteur est pourvu d'un certain nombre de propriétés : il peut avoir une histoire, des connaissances encyclopédique, etc. dont il peut se servir dans son travail constructeur. Sa propriété essentielle et constitutive est cependant celle d'être auteur de l'énonciation, vue comme un événement historique associé à une situation énonciative avec tout ce que cela implique. Pour user d'une métaphore théâtrale bien connue, on peut dire que chaque énoncé est un drame dont LOC est l'auteur et le metteur en scène. LOC communique donc à travers des acteurs qu'il met en scène. Il n'entre jamais lui-même en scène, mais il peut faire parler un acteur en son nom.

4.2. Les pdv
Le sens se compose des **points de vue** de ces acteurs. Formellement, un pdv est une entité (sémantique) construite, caractérisée (par définition) par le fait d'avoir une source. Les sources sont des variables. En tant que telles l'interprète cherche toujours à les saturer.[6] La signification peut contenir des instructions relatives à cette saturation, mais souvent il n'y en a pas. Les pdv sont (normalement) marqués dans la signification ; ils forment le « corps » de la structure-p. Nous en distinguons trois types selon leur structure interne :

Les **pdv simples** sont indépendants des autres pdv. Ils constituent pour ainsi dire les éléments atomiques de la construction polyphonique. Tout énoncé contient au moins un pdv simple. Un pdv simple se compose d'un contenu sémantique et d'un jugement porté sur ce contenu. Le contenu peut être propositionnel, argumentatif ou autre. Dans l'exemple (1) cité plus haut, pdv_1 est un pdv simple dont le contenu est 'ce mur est blanc' et le jugement 'il est vrai que'.

Et deux types de **pdv complexes** :
Les **pdv hiérarchiques** se composent de points de vue simples ou complexes organisés selon une structuration hiérarchique. Les pdv hiérarchiques permettent de faire porter des jugements (extérieurs) sur d'autres jugements. Dans l'exemple (1), pdv_2 est un pdv hiérarchique dont la structure est *injustifié(pdv_1)*.

---
[6] Dans le cadre de la théorie de la pertinence, on pourrait formuler le principe suivant : « si le locuteur pose une variable, sa saturation doit être pertinente ».

Les **pdv relationnels** relient des pdv simples ou complexes entre eux. On aura notamment des pdv relationnels dans les phrases renfermant des connecteurs. Ainsi selon l'analyse classique de Ducrot, l'énoncé *Pierre est riche mais avare* renferme (entre autres) le pdv relationnel, pdv_3 : « pdv_1 est un argument en faveur de pdv_2 », où pdv_1 = 'Pierre est riche' et pdv_2 = une conclusion qui reste à trouver (p.ex. 'Pierre est agréable à fréquenter').

Un quatrième type de points de vue s'ajoute au moment de l'énonciation. Il s'agit des pdv stratificationnels qui sont attachés à la focalisation neutre et qui, en tant que tels, sont eux aussi marqués au niveau de la phrase[7].

4.3. Les ê-d

Les **êtres discursifs** sont les acteurs que LOC a mis en scène. Ils sont les « débatteurs ». Formellement, construits par LOC, ils sont des entités dont la propriété constitutive est qu'ils sont susceptibles d'être désignés comme sources de pdv. LOC construit les ê-d comme des *images* de différents « êtres » présents dans le discours. Il est important de souligner que LOC n'est pas lui-même un ê-d – il n'est que metteur en scène –, mais il peut construire des ê-d comme des images de lui-même, comme ses porte-parole. En ce sens, le drame est une sorte de « drame à clé », où les ê-d jouent les personnages tels que LOC les voit. Ce jeu est particulièrement ouvert dans le discours rapporté, où LOC fait semblant de faire apparaître d'autres LOC - mais on sait qu'il ne s'agit que d'images.[8] Les ê-d peuvent être indiqués au niveau de la phrase mais ils ne le sont pas forcément. Ainsi dans l'exemple (1), la phrase apporte (probablement) une instruction selon laquelle l'ê-d responsable de pdv_2 est une image du locuteur, alors qu'elle ne donne aucune instruction relative à l'identification de l'ê-d qui doit être tenu pour responsable de pdv_1 (cf. figure 1). Il est intéressant de noter que LOC peut choisir de présenter des images différentes de lui-même. Nous ferons

---

[7] La stratification énonciative a été développée notamment par Hans Kronning. Pour une description des pdv stratificationnels, voir Kronning (1996) ou Nølke (1994 : 183).

[8] Le discours rapporté pose une série de problèmes fort intéressants pour l'analyse polyphonique, cf. Nølke & Olsen (2000).

notamment une distinction entre l'image du locuteur au moment de la parole et toute autre image qu'il peut construire[9] :

si LOC construit une image de lui-même au moment de la parole, on appelera l'ê-d qui en résulte le **locuteur de l'énoncé**, abrégé en l_n où n est l'indice de l'énoncé (l'indice 0 renvoyant à l'énoncé actuel).

si LOC construit une image générale de lui-même ou une image de lui-même à un autre moment de son histoire, on appellera l'ê-d qui en résulte le **locuteur textuel** (abrégé en **L**).

En faisant parler l_0, LOC présente son pdv comme une information nouvelle, essentielle, etc. alors qu'en faisant parler L, il thématise plutôt le pdv en question. Dans notre exemple (1), c'est l_0 – non pas L – qui est tenu pour responsable de pdv_2. Nous aurons un autre exemple intéressant dans (4) :

(4) Je me demande si…

où *je* renvoie à l_0 alors que *me* renvoie à L.

En principe, tout énoncé renferme (au moins) **un** pdv dont le locuteur est responsable, l'exception la plus importante étant les énoncés qui reçoivent une lecture ironique. Les images de LOC ne sont cependant pas les seuls ê-d. LOC construit aussi des images de l'autre instance énonciative centrale ; L'ALLOC (l'allocutaire). Les analyses de Coco Norén (1999) indiquent que là aussi on peut distinguer deux types d'ê-d : **l'allocutaire de l'énoncé** (abrégé en a_n) et les **allocutaires textuels** (abrégés en **A**). Les subordonnés avec *puisque* semblent présenter un pdv dont A est tenu pour responsable. C'est la raison pour laquelle un énoncé tel que (5) :

---

[9] Dans la terminologie de Ducrot, les deux images du locuteur correspondent respectivement au locuteur-en-tant-que-tel et au locuteur en-tant-qu'être-du-monde, mais on remarquera que nous les avons définies autrement. En effet, il nous paraît difficile de comprendre comment l_0 serait en mesure de dire quoi que ce soit censé représenter un fait indépendant de lui-même, bref de *dire* au sens de Wittgenstein, s'il ne se sert que de sa propriété constitutive : celle d'être tenu responsable de l'énonciation (c'est la définition proposée par Ducrot et reprises par nous dans nos travaux antérieurs). Ce qui caractérise l_0, c'est sa dépendance étroite de la situation énonciative – du moment même de sa parole. Par contre, pour L, la « datation » joue un moindre rôle. L'important est que cet ê-d puisse se servir de toutes connaissances – encyclopédiques et autres – que LOC a acquises, mais qu'il ne puisse pas présenter ces connaissances comme neuves. Les différentes version de L peuvent donc être définies par l'histoire de LOC, par ses connaissances encyclopédiques, etc.

(5) Dis-moi ce que j'ai mangé ce matin puisque tu sais tout !

a un effet particulier : selon le locuteur, son allocutaire pense savoir tout.[10]

De manière plus générale, LOC peut construire des images à sa volonté de tous les personnages qui « peuplent » le discours (le texte). L'indication d'un ê-d peut cependant être moins précise et ne concerner que le type général de celui-ci. Ainsi dans (6)[11] :

(6)   Il paraît que Marie est malade.
      pdv_1 : 'Marie est malade'
      pdv_2 : *Il paraît(pdv_1)*

Il paraît que indique que l'ê-d associé au pdv_1 'Marie est malade' est un **locuteur virtuel** différent du locuteur. Par locuteur virtuel nous entendons l'image d'un personnage présenté comme étant lui-même capable de prendre la parole, donc de produire une énonciation.[12] Notons que l_0 est responsable du pdv hiérarchique 'il paraît(pdv_1)'. Il faut distinguer soigneusement, d'une part, l'indication d'un ê-d indéterminé comme dans (6), et d'autre part, les cas où la phrase ne donne aucune indication de l'identité de l'ê-d associé à un pdv spécifié. Nous avons vu un exemple de ce dernier type dans (1) (*Ce mur n'est pas blanc*) qui ne renferme aucune instruction relative à l'identification de la source de pdv_1.

Il existe aussi des ê-d dont les origines ne sont pas présentées comme ayant la propriété de pouvoir produire eux-mêmes une énonciation. Il peut s'agir de la LOI, des « idées reçues », des « vérités éternelles » ou de ON qui, pour sa part, peut rassembler des êtres différents selon la situation. L'analyse qu'a proposée Ducrot de la présupposition nous en donne un exemple :

(7)   Pierre a cessé de fumer
      pdv_1 : 'Pierre fumait autrefois'   (présupposé)
      pdv_2 : 'Pierre ne fume pas actuellement' (posé)

Selon cette analyse, le pdv posé est associé à l_0, alors que le pdv présupposé est associé à ON dont L fait partie.

Au plan général, on distingue deux catégories d'ê-d :

---

[10] Pour des analyses polyphoniques de *puisque*, voir notamment Ducrot (1983). Voir aussi Nølke & Olsen (2002).

[11] Pour une analyse polyphonique plus poussée de la locution *il paraît que*, voir Nølke (1994b ; 2001).

[12] L'allocutaire en est un exemple privilégié.

- Les **Locuteurs Virtuels** (abrégés en **LV**), qui sont des ê-d présentés par le locuteur comme étant des images de (autres) locuteurs, c'est-à-dire de personnages susceptibles de prendre la parole eux-mêmes.
- Les **Non-Locuteurs** (abrégés en **NL**), dont les origines ne sont pas présentées comme ayant cette propriété de pouvoir produire eux-mêmes une énonciation. La LOI, les « idées reçues », les « vérités éternelles », ON, etc. sont des NL.

Il va sans dire que les images du locuteur et de l'allocutaire sont des LV, ce qui nous permet de proposer la typologie suivante (cf. Nølke & Olsen 2000 : 55) :

Les LV :
    le **locuteur de l'énoncé** (l_n) ;
    le **locuteur textuel** (**L**) ;
    l'**allocutaire de l'énoncé** (a_n) ;
    l'**allocutaire textuel** (**A**) ;
    les **troisièmes**.
Les NL

Cela reste une question empirique de savoir si les troisièmes se scindent eux aussi en deux types.

Mis à part l_0, tout ê-d peut être présenté par LOC de deux manières différentes selon le statut que celui-ci accorde à leur propriété constitutive (celle d'être tenu pour responsable de l'énoncé en question). Si un LV est présenté comme se servant de cette propriété, on l'appellera un **Locuteur Représenté** (abrégé en **LR**), sinon, on l'appellera un LV (tout court). LV est donc le terme non marqué, LR étant une variante spécifique de LV.[13] Un locuteur représenté est responsable d'un **discours représenté**.[14]

4.4. Les liens

Le troisième type d'entités construites par LOC dont se compose la configuration polyphonique, ce sont donc les liens (énonciatifs). Les liens relient les ê-d aux pdv. La signification peut renfermer des instructions concernant les liens à établir au moment

---

[13] Cette distinction a été introduite pour la première fois dans Korzen & Nølke (2001 : 127) – repris dans Nølke (2001a : 37) –, où nous avons parlé de **vrai locuteur** (notre LR) et de **locuteur virtuel** (notre LV tout court) en nous appuyant sur les définitions suivante : « Un vrai locuteur a toutes les propriétés d'un locuteur et il s'en sert pour prendre la parole lui-même. [...] Un locuteur virtuel a lui aussi toutes les propriétés d'un locuteur, mais il ne s'en sert pas. ». Cette distinction s'est avérée importante pour l'analyse polyphonique du conditionnel dit de citation (ou « évidentiel », « journalistique », « médiatif », …) qui, contrairement au discours rapporté, fait intervenir des LV qui ne sont pas des LR.

[14] Pour une analyse ScaPoLine du discours représenté, voir Nølke & Olsen (2000 : 86-100).

de l'interprétation, mais souvent il n'y a pas de telles instructions. Il n'empêche que l'interprète cherche toujours à les établir (cf. note 6). Le propre des liens est donc de préciser la position des divers ê-d par rapport aux différents pdv présents dans la configuration.

Jusqu'ici nous n'avons parlé que du lien de responsabilité qui indique que l'ê-d et le pdv en question sont reliés de sorte que l'ê-d est la source (l'énonciateur) de ce pdv. Or il arrive que la structure polyphonique fournisse aussi des instructions concernant la relation qu'entretient un ê-d particulier avec un pdv qui n'est pas le sien (c'est-à-dire dont il ne prend pas la responsabilité). Cela vaut notamment pour l_0. Il existe toute une gamme de liens de non-responsabilité. Les structures concessives peuvent servir d'illustration :

(8) ☹ Certes tu es resté chez toi toute la nuit, mais je t'ai vu au café à 22h.

(9) Peut-être que tu es resté chez toi toute la nuit, mais je t'ai vu au café à 22h.

Dans les concessions, l_0 ne prend pas la responsabilité du pdv concédé mais il entre dans une relation d'accord avec lui : il accepte de le considérer comme vrai ou justifié jusqu'à nouvel ordre. Ce lien d'accord peut cependant être plus ou moins fort. Si (8) semble assez aberrant, c'est parce que *certes* marque un lien d'accord assez fort. L'énoncé de (9), pourtant, semble plus acceptable (dans une lecture fortement ironique, il est vrai), ce qui s'explique par le fait que *peut-être* marque un lien d'accord moins fort et donc plus facile à annuler. Cette annulation est nécessaire pour l'obtention d'une interprétation non contradictoire des deux énoncés.

Il est possible d'établir une typologie des structures et des configurations polyphoniques. De façon générale, on distingue deux types de liens : le **lien de responsabilité** et les **liens de non-responsabilité**.

Le lien de responsabilité est de loin le plus important pour l'analyse polyphonique. En effet, cela fait partie des principes généraux qui gouvernent le processus d'interprétation de se poser pour chaque pdv la question : qui en est responsable ? Dans la ScaPoLine, X est responsable de pdv si et seulement si X est la source de pdv. 'Être responsable de' et 'être la source de' sont donc des prédicats équivalents.[15] Si j'insiste sur ce point, c'est qu'il y a là une divergence entre l'optique de Ducrot et la nôtre. Considérons l'exemple suivant :

(10) Il me semble que *p*

---

[15] Nous utilisons aussi des expressions comme 'prendre en charge', 's'associer à', etc. pour exprimer le lien de responsabilité.

Ducrot a proposé une analyse selon laquelle cet énoncé véhicule un seul pdv, à savoir p. L (« le locuteur-en-tant-qu'être-du-monde » de Ducrot) serait la source de p, alors que l_0 donnerait son accord. La ScaPoLine, par contre, voit deux pdv véhiculés par (10) :

(10') pdv_1 : p
  pdv_2 : K(p), où K est un commentaire à propos de p, $K(p)$ étant un pdv hiérarchique
  L prend la responsabilité de pdv_1 (et en est la source)
  l_0 prend la responsabilité de pdv_2 (et en est la source)
  l_0 entre dans une relation de non-responsabilité avec pdv_1 (il l'accorde)

Les deux analyses semblent conduire à des interprétations identiques. Ainsi, dire que L est la source de pdv_1, c'est dire que pdv_1 existe en un sens préalablement à l'acte d'énonciation dont il est le thème (certains diraient que p est pré-asserté), et dire que l_0 accorde p, c'est dire que l'attitude du locuteur au moment de la parole est celle de non-responsabilité, plus précisément celle d'accord. L'analyse de la ScaPoLine a exactement le même effet de sens. Que la ScaPoLine opte pour la deuxième analyse qui, à première vue, est plus complexe, semble être une conséquence immédiate de la distinction introduite entre LOC et ses images (l_0 et L). En effet, LOC ne peut pas s'associer directement au pdv qu'il construit, mais il peut se présenter indirectement comme sa source en établissant un lien de responsabilité entre son image et le pdv. L'analyse ScaPoLine a cependant aussi un autre avantage important : elle permet de voir l'analyse de (10) comme un cas particulier d'une analyse beaucoup plus générale qui s'applique à toute une classe d'énoncés comme *à mon avis p*, *peut-être que p*, *il est heureux que p*, etc. qui véhiculent tous un pdv hiérarchique du type $K(p)$ (où K est un commentaire à propos de p). En effet, la seule différence polyphonique à l'intérieur de cette classe structurale réside dans l'analyse sémantique de K. Le type d'analyse de (10) proposé par la ScaPoLine permet ainsi de formuler quelques généralisations sous forme de principes ou de règles, ce qui rend l'analyse beaucoup plus simple dans la perspective de la théorie. Ainsi, nous verrons que la dernière ligne de l'analyse (l_0 *accorde pdv_1*) représente l'analyse sémantique de K. La présence de cette ligne est même prévue par le système. En effet, il semble qu'on puisse poser le principe suivant :

Principe d'interprétation :
Pour tout pdv_n dont l_0 n'est pas responsable, l'interprète tend à établir un lien de non-responsabilité entre l_0 et pdv_n.

La structure polyphonique peut comporter des instructions relatives à l'application de ce principe. En effet, il existe toute une série d'expressions linguistiques qui semblent apporter de telles instructions. Une sous-classe importante de ces expressions est formée par les *Expressions Montrées* (les **EM**, cf. Nølke & Olsen 2000 : 61) comme par exemple les adverbiaux de phrase (*peut-être*, *heureusement*, ...). Les EM véhiculent un sens montré. Ils sont toujours pris en charge par l_0, ils introduisent toujours un pdv hiérarchique et leur fonction consiste toujours à ajouter un commentaire à un pdv dont l_0 ne prend pas la responsabilité.

Si les liens de responsabilité sont au cœur de la configuration polyphonique pour autant qu'ils indiquent la source même des pdv, il reste donc néanmoins que les LV sont susceptibles d'entretenir d'autres types de relations avec les pdv présentés.[16] Le locuteur le fait même de manière systématique selon le principe mentionné tout à l'heure. Les liens de non-responsabilité se prêtent à des analyses sémantico-fonctionnelles très fines. Ainsi, à chaque Expression Montrée particulière correspond probablement un lien de non-responsabilité particulier.[17] Kjersti Fløttum a d'ailleurs montré (2001) que le lien de réfutation se distingue radicalement des autres types de liens de non-responsabilité dans la mesure où il a des effets textuels très différents.

5. La structure polyphonique

Rappelons que la structure-p se compose des instructions qui marquent des éléments de la configuration. A titre d'hypothèse, nous formulons le double principe suivant :

Principe :
La structure-p renferme toujours au moins un pdv.
Il existe une instruction indiquant comme valeur par défaut forte[18] que l_0 prend la responsabilité d'un (ou de plusieurs) pdv de la structure-p.

Selon ce principe, tout énoncé véhicule donc – toutes choses égales d'ailleurs – au moins un pdv dont l_0 prend la responsabilité. L'annulation de cette valeur par défaut exige une situation particulière comme on la trouve dans certaines variantes du discours rapporté[19] ou comme on la trouve dans la lecture ironique. En effet, on sait que pour que l'ironie puisse fonctionner, il faut toujours que l'interprète dispose de quelques indications particulières l'incitant à annuler justement la valeur par défaut. Il peut

---

[16] Il est peu probable que les NL soient à même d'entretenir des liens de non-responsabilité avec les pdv. Pour le moment, cela reste cependant une question empirique.

[17] Voir Nølke & Olsen (2000 : 59), où nous avons dressé toute une liste non exhaustive de liens énonciatifs (lien d'accord, lien de désaccord, lien neutre, etc.).

[18] C'est à dire toutes choses égales d'ailleurs. Pour une définition de la valeur par défaut et son marquage (dans les instructions), voir Nølke (1994 : 54sv.).

[19] Voir Nølke & Olsen (2000). Le discours rapporté est au centre des recherches menées par les polyphonistes scandinaves. Cette question ne sera cependant pas développée dans le présent article.

s'agir de certaines connaissances jugées incompatibles avec l'information véhiculée par l'énoncé en question, d'une certaine intonation ou de certains signes paralinguistiques tels que la mimique ou des gestes – ou bien des images ou des photos, par exemple. On voit donc que le principe proposé constitue un excellent point de départ pour la description de l'ironie.

Le principe cité est apparemment la seule contrainte générale imposée par le système. Par ailleurs, il est opportun de distinguer différents types de structures-p correspondant à différents types de phrases.

5.1. La monophonie

Dans une phrase qui ne contient qu'un seul pdv, ce pdv est donc associé par défaut au locuteur et la phrase est dite **monophonique**. La phrase *Il fait beau* est un exemple d'une phrase monophonique. Précisons que cette notion de monophonie est définie au niveau de la phrase. Cela reste une question empirique de savoir s'il existe des énoncés qui soient monophoniques ou si – par quelque principe général qu'il resterait à découvrir – il s'ajoute toujours au moins un autre pdv au niveau du sens. Rappelons que le sens se construit et que les instructions provenant de la signification (de la phrase) ne constituent qu'un élément constructeur parmi d'autres, quoique le plus important.

Si la monophonie reçoit ainsi une définition précise dans le cadre de la ScaPoLine, il reste à préciser sont rapport à (et son utilité pour ?) la notion littéraire de monophonie (cf. Olsen 2001).

5.2. Types de structures-p

Si la phrase véhicule plus d'un pdv, on la qualifiera de polyphonique (à proprement parler). Selon la combinaison des instructions polyphoniques, on pourra discerner plusieurs types de structures-p. Les différentes combinaisons d'ê-d nous permettent d'établir une première typologie de structures-p. C'est ainsi que nous avons proposé de distinguer *polyphonie externe* et *polyphonie interne* selon la présence ou la non-présence d'un autre ê-d que les images du locuteur. (Re)considérons quelques exemples :

(4)   Je me demande si ...

(7)   Pierre a cessé de fumer.
        pdv_1: 'Pierre fumait autrefois'   (présupposé)
        pdv_2: 'Pierre ne fume pas actuellement'   (posé)

(10)   Il me semble que Marie est malade.

(11)   a.   Je comprends que Pierre *est* parti.
        b.   Je comprends que Pierre *soit* parti.

(4), (7), (10) et (11) sont des exemples de polyphonie interne. (4) est l'exemple prototypique. Dans cet énoncé, comme nous l'avons vu dans 4.3., *je* est associé à l_0 et *me* à L. Dans (7), selon l'analyse proposée par Ducrot et citée dans 4.3., l_0 est associé à pdv_1 et ON à pdv_1. Or L fait partie de ce ON, et il s'ensuit qu'il y a polyphonie entre les deux images de LOC, donc polyphonie interne. (10) est l'exemple discuté longuement dans 4.4., où j'ai argumenté en faveur d'une analyse selon laquelle l_0 prend la responsabilité de *Il me semble que p* et L celle de *p* (*Marie est malade*)[20] Enfin, dans (11), c'est le subjonctif qui est responsable de la polyphonie interne. En effet, j'ai montré ailleurs (Nølke 1985 ; 1993) que le subjonctif est relié à la *polyphonie interne au sens strict*, où L est seul responsable du pdv véhiculé par la proposition contenant le subjonctif et l_0 est responsable du pdv véhiculé par la principale.

Les énoncé de (5), (6) et (12) nous fournissent des exemples de polyphonie externe :

(5) Dis-moi ce que j'ai mangé ce matin, puisque tu sais tout.

(6) Il paraît que Marie est malade.

(12) a. Pierre a dit qu'il reviendrait.
b. Pierre a dit : « Je reviendrai ».

Nous avons déjà étudié (5), où A est associé au pdv véhiculé par la subordonnée. Dans (6), nous avons vu qu'*il paraît que* indique que l'ê-d associé au pdv_1, 'Pierre est malade', est un locuteur virtuel (LV) différent du locuteur. Les exemples de (12), enfin, véhiculent même le discours représenté, exemple très net de polyphonie externe. Notons d'ailleurs l'énoncé de (7) est aussi un exemple de polyphonie externe dans la mesure ou ON se compose de L et d'ê-d différents de celui-ci. Dans (7), polyphonie interne et polyphonie externe cohabitent donc.

Ajoutons qu'il existe quelques types spécialisés de polyphonie externe, notamment la diaphonie longuement étudiée par Eddy Roulet (cf. Roulet *et. al.* 1999), et la citation exemplifiée dans (12b) et dans (13) :

(13) Il n'est pas *heureusement* revenu.

Nous appelons citation le type de polyphonie externe où un LV autre que le locuteur est associé à un pdv_n et où ce pdv_n « étranger » contient l'acte d'énonciation effectué par le LV en question. Ainsi, ce qui distingue le Discours Indirect Représenté de (12a) du Discours Direct Représenté de (12b) est que seul le contenu de l'énoncé est

---

[20] Il semble que, d'une manière générale, le rôle de cet emploi référentiel de la première personne du datif, *me*, soit précisément d'indiquer qui assume la responsabilité du pdv enchâssé. Nous avons vu le même effet dans l'exemple (4). Pour un approfondissement de cette idée, voir Nølke (2001 : 24sv.).

représenté dans (12a), alors que (12b) véhicule une image de l'énonciation entière ; et pour que (13) soit acceptable, il faut comprendre que l'adverbe *heureusement* a été énoncé par le LV qui est tenu responsable de ce pdv$_n$. C'est pourquoi l'énoncé de (13) donne l'impression d'être un *écho* en quelque sorte.

Si l'on prend en considération également les *types* de pdv et de liens impliqués, on obtiendra toute une gamme de structures différentes. Nul doute que ce travail typologisant, qu'il reste à faire, sera très pertinent pour nos analyses. Cela d'autant plus qu'on peut dégager des relations systématiques entre types d'ê-d, types de liens et types de pdv. Ainsi, il s'avère que seul un LV (et non un NL) peut être tenu pour responsable d'un pdv hiérarchique, ce qui n'étonne guère étant donné qu'un pdv hiérarchique véhicule un commentaire sur un autre pdv. On peut même poser comme règle que, en tant que valeur par défaut, tout pdv hiérarchique est associé à l_0. En fait, c'est là un cas spécial de la Métarègle 7 que j'ai proposée dans Nølke (1994 : 185). Les pdv relationnels révèlent une autre particularité. Dans leur forme simple, ils combinent deux pdv simples. Or ils sont aussi susceptibles de combiner des pdv complexes à condition que ces pdv soient pris en charge par un **interpréteur** qui est un rôle particulier que peut jouer un LV. Un interpréteur est un ê-d qui, par une interprétation (abstraite) de l'énoncé, reformule le pdv complexe – hiérarchique et/ou relationnel – en pdv simple utilisable dans un pdv relationnel ou hiérarchique. Nous en verrons un exemple plus loin.

De nombreuses questions restent ouvertes concernant cette typologisation de structures-p. Par exemple : les pdv hiérarchiques peuvent-ils se composer de pdv relationnels ? Ainsi certains connecteurs acceptent la modalisation, alors que la plupart d'entre eux ne l'acceptent pas. On aura *peut-être parce que...* mais guère *peut-être puisque*. Cette problématique est reliée au phénomène de focalisation neutre (au sens linguistique de ce terme, cf. Nølke 2001a : 85-113).

5.3. Récapitulation

La ScaPoLine s'inscrit dans une approche sémantique selon laquelle le sens se construit. La forme linguistique crée la signification qui fournit des instructions pour cette construction. Le sens est polyphonique : chaque énoncé peut être considéré comme un discours cristallisé. Celui-ci se manifeste dans la configuration polyphonique qui se compose de LOC et des entités construites par lui : les pdv, les ê-d., les liens.

En développant la métaphore théâtrale citée plus haut, on peut dire que chaque énoncé constitue un drame. L'auteur du drame, c'est LOC. C'est lui qui construit le jeu polyphonique, mais il n'y participe pas (directement) lui-même. Les acteurs du drame sont les ê-d. LOC crée leurs rôles et il peut créer des rôles pour des images de lui-même ; tout à fait comme il peut créer des rôles pour d'autres personnages – notamment l'allocutaire – qui sont présents dans le monde dont fait partie le théâtre (les personnages du discours).

6. Polyphonie linguistique et analyses littéraires

Il est opportun de distinguer la polyphonie linguistique, dont s'occupe la ScaPoLine, et la polyphonie textuelle ou plutôt littéraire dont s'occupent certains analystes de textes, notamment littéraires. Faire travailler ensemble les deux approches est le but central des recherches que nous menons au cœur du groupe des Polyphonistes Scandinaves. Nous avons dû constater d'emblée quelques divergences cruciales et fondamentales entre les deux approches, non seulement en ce qui concerne les méthodes utilisées mais aussi en ce qui concerne les objets d'études. Si la ScaPoLine est une véritable théorie, la notion de polyphonie littéraire recouvre plutôt une méthode d'interprétation, ce qui est lié au fait que la polyphonie linguistique prend son point de départ au niveau de la langue pour relier langue et parole de manière systématique, alors que l'analyse polyphonique littéraire se fait au niveau de la parole. Une autre différence, sans doute corrélée à la précédente, consiste dans le nombre et le type de phénomènes considérés comme polyphoniques par les deux approches. Pour ne prendre qu'un seul exemple : le « mot bivocal » de Bakhtine. L'auteur d'une œuvre littéraire peut faire parler d'autres voix en employant un vocabulaire différent du sien. Chaque mot comporte ainsi plusieurs voix. Dans l'état actuel de l'élaboration de la ScaPoLine, ces phénomènes de sens ne sont pas considérés comme polyphoniques.

Dans ces conditions, que faire pour faire travailler ensemble polyphonistes littéraires et polyphonistes linguistes ? Nous partons de l'hypothèse selon laquelle, en dépit des divergences évidentes, la polyphonie littéraire et la polyphonie linguistique s'occupent fondamentalement des mêmes phénomènes, ce que nous pouvons illustrer par le schéma suivant (cf. Nølke 1999) :

L'analyse linguistique		L'analyse littéraire
Structures polyphoniques	Configurations polyphoniques	Relations polyphoniques

Le chercheur littéraire, aussi bien que le linguiste, prend son point départ dans des observations des configurations polyphoniques. Là où le littéraire se sert de ces observations dans sa description de la structure de l'œuvre, de son emplacement dans le temps et dans l'espace, etc., le linguiste s'efforce d'expliquer l'apparition des configurations à partir de ses analyses linguistiques. Il semble donc naturel d'essayer d'appliquer l'appareil du linguiste en vue de rendre opératoire l'analyse du texte ; et inversement, le dévoilement du contexte et de la fonction des configurations polyphoniques qu'effectue le littéraire doit pouvoir constituer des données importantes pour le linguiste. Il me semble que nos analyses des emplois de connecteurs dans un certain nombre d'œuvres littéraires ont déjà confirmé cette hypothèse. Ainsi, les très fines interprétations littéraires qu'ont fournies les littéraires de certains emplois de *donc*, de *mais* et de *puisque* ont permis aux linguistes d'affiner les analyses de ces connecteurs et, inversement, les analyses proposées par les linguistes ont, dans certains cas, permis aux littéraires de trouver des interprétations nouvelles et par-là d'arriver à une meilleure compréhension de l'œuvre. Nous en verrons un exemple ci-dessous.

7. La ScaPoLine et l'analyse de textes

La ScaPoLine est une théorie discursive, rappelons-le. Si son domaine (immédiat) est l'énoncé, elle n'oublie jamais que l'énoncé ne trouve sa raison d'être que dans le fait qu'il fasse partie d'un discours. Ce fait se reflète entre autres dans les outils heuristiques dont elle se sert. C'est ainsi que les tests d'enchaînement différents servent comme son outil heuristique primordial, nous l'avons vu. Aussi est-il naturel d'essayer d'élaborer la ScaPoLine de manière à la faire fonctionner au-delà de l'énoncé. Cette élaboration est en effet strictement nécessaire dans le cadre du projet des polyphonistes scandinaves, car ce n'est qu'au niveau textuel que peuvent se rencontrer linguistes et littéraires. Je tiens cependant à souligner que la ScaPoLine ainsi « étendue » n'a aucune prédilection pour les textes littéraires. N'importe quel type de texte se prête à l'analyse polyphonique que ce soit des hypertextes, des textes WEB, ou n'importe quel (autre) texte des mass-média. Il me paraît donc tout indiqué de terminer cette introduction par une discussion de l'utilité de la ScaPoLine pour l'analyse des textes.[21]

7.1. La cohérence polyphonique
Pour faire fonctionner la ScaPoLine au-delà de l'énoncé il faudra accepter quelques hypothèses préalables concernant ce que nous appelons la *cohérence polyphonique* selon laquelle *les mêmes ê-d se répètent à travers le texte*. La cohérence polyphonique nous semble être une caractéristique fondamentale de tout texte cohérent. Nous émettons trois hypothèses relatives à la cohérence polyphonique (cf. Fløttum 2002) :

H1: Le locuteur (LOC) d'un énoncé d'un texte monologal, avec l'image qu'il construit de lui-même en tant que locuteur de l'énoncé (l_0), est aussi responsable des énoncés précédents et suivants (sauf indication explicite du contraire).
H2: Un point de vue que l_0 réfute peut difficilement être associé à L.
H3: Un point de vue dont l_0 ne prend pas la responsabilité mais qu'il ne réfute pas peut sans problème être associé à L.

Il ressort des recherches menées par Kjersti Fløttum que les textes se regroupent en **passages polyphoniques** qui sont des ensembles d'énoncés révélant différents types

---

[21] Nous avons déjà fait quelques propositions concernant le développement d'une application proprement textuelle de la ScaPoLine. C'est notamment Kjersti Fløttum qui travaille sur cet aspect qui va occuper une place centrale dans nos investigations à venir. Voir par exemple Fløttum (2000), où on trouvera aussi d'autres références concernant la polyphonie linguistique textuelle.

bien précis de relations polyphoniques susceptibles de caractériser les textes entiers. Une conséquence en est que l'analyse polyphonique d'un texte s'articule en trois étapes :

énoncé ⟷ passage polyphonique ⟷ interprétation textuelle

7.2. Un exemple : le connecteur mais

Au lieu de m'attarder à cet aspect de l'analyse polyphonique qui attend encore son développement, je voudrais présenter l'analyse d'un exemple concret. Les connecteurs constituent un domaine de prédilection pour la collaboration entre linguistes et littéraires. En effet, le fonctionnement de ces éléments franchit les frontières des énoncés, et ils ont été étudiés par les deux camps de sorte qu'on ne part pas de zéro. Aussi avons-nous déjà effectué plusieurs analyses de connecteurs employés par Gustave Flaubert dans son *Madame Bovary*. Prenons-en un exemple avec *mais*.[22]

(14)   Comme elle fut longtemps avant de trouver son étui, son père s'impatienta ; elle ne répondit rien ; mais tout en cousant, elle se piquait les doigts, qu'elle portait ensuite à sa bouche pour les sucer. (Flaubert *Madame Bovary*)

Mais est sans doute le mot particulier qui a été soumis aux analyses polyphoniques les plus poussées (Adam, Ducrot, Nyan, Rabattel, …). *Mais* crée une structure concessive spéciale en reliant deux unités sémantiques *p* et *q*. Nous aurons la structure dans (10) :

(15)   *p* MAIS *q*

Cette structure renferme deux pdv simples et deux pdv hiérarchiques, ainsi que trois instructions concernant la saturation des liens, qui impliquent l_0 et un NL (la 'norme') :

(16) pdv_1 : *p* est un fait
pdv_2 : *q* est un fait
pdv_3 : pdv_1 est un argument en faveur de *r*
pdv_4 : pdv_2 est un argument en faveur de la négation de *r*
l_0 est responsable de pdv_2 et de pdv_4
l_0 accepte pdv_1
La 'norme' est responsable de pdv_3
(*r* est une unité de sens qu'il faut trouver lors du processus de l'interprétation)

---

[22] J'ai déjà présentée une analyse plus poussée de cet exemple dans Nølke (1999).

L'essentiel est l'existence de r qui relie p et q dans la mesure où ces deux éléments doivent être interprétés comme anti-orientés par rapport à r. Dans ce sens, *mais* impose au lecteur une lecture qui induise une relation cohésive particulière entre p et q, qui le force à trouver ou à deviner r. Tout d'abord il faudra cependant trouver p et q. Ces unités sont normalement véhiculées par les segments qui entourent *mais* dans le texte. Je propose donc :

(16') p = 'elle ne répondit pas'
$\quad\quad\;\; q$ = 'elle se piquait les doigts'

Ensuite, tout l'exercice consiste donc à aller à la recherche de l'unité sémantique implicite, r. Tentons de la trouver dans notre petit texte. Un point fort de l'analyse réside précisément dans le fait que r reste non précisée. La seule contrainte qui lui est imposée est qu'elle doit pouvoir servir de chaînon manquant entre les deux pdv opposés, pdv_1 et pdv_2. L'interprétation du texte reste ainsi ouverte à l'intérieur du cadre donné par la structure indiqué dans (15). Une r possible serait 'il n'y a aucune raison de remarquer la présence d'Emma'. Cette interprétation rend la suite du texte naturel. Or elle se heurte peut-être à une meilleure connaissance de tout le roman, parce qu'elle ne donne pas une image d'Emma qui soit cohérente avec ce qu'on trouve partout ailleurs dans le texte de Flaubert. Beaucoup d'autres interprétations restent ouvertes. Il est même possible de proposer une interprétation où les arguments, p et q, prennent d'autres valeurs. Cette richesse interprétative latente correspond très bien à ce que nous ressentons devant l'œuvre littéraire où l'ouverture interprétative est patente. L'exemple illustre ainsi le fait que la description sémantique que nous offre l'analyse linguistique *opérationnelle* est assez détaillée pour constituer un point de départ à la fois restreint et suffisamment souple pour l'analyste littéraire pour qui ce passage peut être essentiel à la compréhension de l'œuvre complète.[23]

---

[23] Cette esquisse d'un examen polyphonique du minitexte cité en (14) n'a pris en compte que le connecteur *mais*. Une analyse plus approfondie doit combiner l'analyse de *mais* avec l'étude des autres marqueurs polyphoniques contenus dans le texte. Ainsi il n'y a guère de doute que le changement d'aspect grammatical, du passé simple à l'imparfait, doit, lui aussi, s'analyser comme un marqueur polyphonique. L'analyse combinée pourrait ainsi donner davantage d'instructions pour l'interprétation. Il est également clair qu'une connaissance approfondie du texte, de la perspective socio-historique dans laquelle il s'inscrit, etc., donnerait encore d'autres instructions concernant l'interprétation la plus probable ou la plus « payante ». Mais toujours à l'intérieur du cadre borné par l'expression linguistique. C'est là toute l'idée sous-jacente à l'essai de combiner analyses littéraire et linguistique.

8. Conclusion

Aucun phénomène linguistique n'est exclu a priori de recevoir une analyse dans le cadre de la ScaPoLine. Dans notre groupe des Polyphonistes Scandinaves nous avons notamment effectué des analyses relatives aux différentes manifestations du discours représenté et, d'une manière plus générale, de la subjectivité telle que celle-ci se manifeste linguistiquement. Ce travail nous a amenés à étudier des phénomènes aussi divers que l'emploi des guillemets, des connecteurs, des aspects grammaticaux ou des modes pour n'en mentionner que quelques exemples. C'est précisément la force essentielle de la ScaPoLine de nous permettre de traiter de phénomènes à première vue si disparates dans le même cadre théorique. Tous ces phénomènes, et bien d'autres, interagissent pour créer des effets de sens souvent extrêmement subtils.

Aux termes de ce plaidoyer pour la ScaPoLine, je tiens à répéter que si, dans le groupe des Polyphonistes Scandinaves, nous avons travaillé essentiellement sur des textes littéraires, nous avons toute raison de penser que notre théorie de la polyphonie linguistique s'appliquerait tout aussi bien aux études de la langue des mass-médias. En effet, s'il y a quelque chose qui caractérise cette langue, n'est-ce pas justement la pluralité des voix ? J'invite donc le lecteur à explorer cette voie théorique. Que des futures recherches soient nos juges !

Références bibliographiques

Bachtine, Michail M. (1994), *Problemy tvor estva/poétiki Dostoevskogo*, Kiev.
Bergson, Henri (1957), *L'évolution créatrice*. Paris : PUF.
Berrendonner, Alain (1981), *Éléments de pragmatique linguistique*. Paris : éditions de minuit.
Ducrot, Oswald (1982), « La notion de sujet parlant », *Recherches sur la philosophie et le langage*. Université de Grenoble. (65-93)
Ducrot, Oswald (1984), *Le dit et le dire*. Paris : éditions de minuit.
Fløttum, Kjersti (2002), « La polyphonie dans une perspective macro-sémantique », *in:* Hanne Leth Andersen & Henning Nølke (éds.) : *Macro-syntaxe et macro-sémantique*. Berne : Peter Lang. (337-359)
Norén, Coco (2000), « Remarques sur la notion de point de vue », *Polyphonie - linguistique et littéraire* II. (33-44)
Nølke, Henning (1993), *Le regard du locuteur. Pour une linguistique des traces énonciatives*. Paris : Kimé.
Nølke, Henning (1994), *Linguistique modulaire : de la forme au sens*. Paris/Louvain : Peeters.
Nølke, Henning (1999), « La polyphonie : analyses littéraire et linguistique », *Tribune* 9. (l'Université de Bergen) (5-19)

Nølke, Henning (2001a), *Le regard du locuteur 2. Pour une linguistique des traces énonciatives.* Paris : Kimé.

Nølke, Henning (2001b), « La ScaPoLine 2001. Version révisée de la théorie Scandinave de la Poly- phonie Linguistique », *Polyphonie - linguistique et littéraire* III. (45-169)

Nølke, Henning & Michel Olsen (2000), « POLYPHONIE : théorie et terminologie », *Polyphonie - linguistique et littéraire* II. (45-169)

Roulet, Eddy, Laurent Filliettaz, Anne Grobet (2001), *Un modèle d'analyse de l'organ* Berne : Peter Lang.

www.hum.au.dk/romansk/polyfoni

Le Discours Ecrit Représenté à l'Oral comme stratégie argumentative[1]

Coco Noren

1. Introduction

Le fait que la parole consiste en un recyclage de paroles déjà réalisées est un phénomène langagier qui capte de plus en plus l'intérêt de chercheurs venant de toutes les traditions de la linguistique. On parlera de *discours rapporté, réparations, répétition, reformulation, dialogisme* ou de *polyphonie* selon le cadre théorique et l'objet d'étude adopté. Dans cet article, nous discuterons de plus près un phénomène particulier dans ce domaine, à savoir le Discours Ecrit Représenté à l'Oral[2] (dorénavant DÉRO) ou, en termes courants, la citation d'un texte écrit.

Contrairement aux autres formes de discours représenté, abondamment utilisées dans la conversation ordinaire, le DÉRO apparaît plutôt de façon exceptionnelle dans la vie courante. Il faut, semble-t-il, un genre discursif spécifique pour que son emploi ne soit pas marginal. C'est le cas d'une émission télévisée telle que *Bouillon de culture* où Bernard Pivot discute avec un ou plusieurs auteurs à partir de leur livre. Dans l'émission particulière d'où proviennent nos exemples, il s'entretient avec François Nourrissier, à l'occasion de la parution de son livre autobiographique *À défaut de génie*. Toutes les occurrences relevées constituent des hétéro-DÉRO puisque le locuteur représente le discours d'autrui, contrairement au cas auto-DÉRO où un locuteur reprend son propre discours.

L'étude présentée dans les paragraphes qui suivent est de nature qualitative. La description du DÉRO repose principalement sur deux occurrences. Nous avons pourtant effectué le dépouillement de toute l'émission pour confirmer les résultats présentés dans cet article.

---

[1] Je tiens à remercier Hans Kronning, Charlotte Lindgren et Niklas Norén pour toutes leurs remarques précieuses.

[2] Nous avons choisi ce terme étant donné que le DÉRO s'inscrit dans la catégorie des discours représentés. Bien qu'il soit question de lecture littérale dans le cas normal, le locuteur effectue une représentation du discours cité.

2. Présentation du projet de recherche:
Le français parlé des média

L'étude du DÉRO présentée ici s'inscrit dans un cadre de recherche plus important. Depuis 2000, nous sommes trois chercheurs, Mathias Broth, Mats Forsgren et moi-même, à collaborer au sein du projet *Le français parlé des média*, financé par le Conseil Scientifique de Suède. Le titre du projet peut sembler bien prétentieux – il ne pourra être question de toute la gamme de genres télévisés, mais uniquement d'un échantillon des diverses émissions. Nous nous sommes focalisés sur les genres à caractère non-fictionnel, notamment les actualités, les débats et les émissions culturelles.[3]

2.1 Objectif

L'objectif du projet peut être décrit en deux étapes: premièrement il vise à inventorier et à organiser les traits structuraux, rhétorico-énonciatifs et interactionnels des émissions en question selon un modèle multi-dimensionnel. Le dépouillement du corpus est donc fait à trois niveaux d'analyse distincts. Parmi les traits structuraux pris en compte, nous privilégions les particularités morpho-syntaxiques, afin de discerner comment le contenu informationnel est «empaqueté» dans les constructions grammaticales (Forsgren 2002). Au niveau rhétorico-énonciatif, l'analyse porte sur les différentes connexions argumentatives ainsi que sur le système polyphonique mis en œuvre dans le français parlé médiatique (Norén 2002a). Finalement, nous étudions particulièrement la manière dont les interlocuteurs orientent leurs énoncés de façon spécifique à l'interaction médiatique. Une partie de la recherche portera également sur le travail du réalisateur (Broth, ici-même), afin de voir comment l'organisation des prises de vue est en rapport avec la production verbale des participants de l'émission.

Deuxièmement, nous étudions la corrélation entre les propriétés structurales, rhétorico-énonciatives et interactionnelles du genre en question. Le but est d'examiner comment ces trois niveaux, souvent étudiés de façon isolée, interagissent. Cela soulève des questions concernant par exemple la réalisation des intentions communicatives dans les constructions morpho-syntaxiques ou la grammaire dans les structures préférentielles de l'organisation converstionnelle. Nous espérons que la description des corrélations pluri-dimensionnelles aboutira à une description de la variation diaphasique entre les deux registres *formel* et *informel* dans une perspective qualitative aussi bien que quantitative.

2.2 Matériaux et transcription

Jusqu'à présent, le corpus de base est constitué de matériaux bruts de 25 heures VHS d'émissions captées sur TV5 et La Cinq: actualités, tables rondes, discussions. Le but

---

[3] Forsgren (à paraître) présente une decription plus détaillée du projet.

est d'atteindre autour de 50-75 heures VHS. A l'heure actuelle, nous avons accès aux émissions *Arrêts sur images, Bouillon de culture,* ainsi qu'au corpus de Lindquist (2001) de journaux télévisés.

Une fois les émissions enregistrées, elles sont numérisées et transférées sur fichiers son et image, format Quick Time. Ensuite elles sont intégralement transcrites dans le logiciel CLAN qui permet d'avoir accès à la transcription, au son avec bande de fréquence ainsi qu'à l'image simultanément.

La transcription est orthographique avec quelques ajouts pertinents pour l'interprétation du sens, tels que l'intonation montante. De façon moins systématique, la transcription présente des indications phonétiques et prosodiques marquées, par exemple la prononciation exceptionnelle d'un e-instable. Lorsque la transcription de base est en place, elle est utilisée comme point de départ pour des analyses de phénomènes spécifiques. Cette transcription est donc développée en plusieurs versions avec des indications spécifiques en fonction de chaque objet examiné. Pour certains, comme par exemple la clôture d'émission (Broth 2002a et 2002b), tout le matériel est «scanné» pour relever toutes les occurrences, tandis que pour des phénomènes de haute fréquence (liaisons, marqueurs d'hésitation *etc.*) on choisira des parties du corpus.

3. Objet d'analyse, corpus et arrière-plan théorique

Dans cette section, nous présenterons la définition que nous avons adoptée pour la notion de DÉRO, ainsi que le corpus que nous avons utilisé. Nous ferons également un bref exposé des théories sur l'argumentation dont nous nous sommes inspirée.

3.1 Délimitation du DÉRO

L'extension de la notion du DÉRO n'est pas donnée de façon objective. Selon l'interprétation de ce terme, il peut s'agir d'un mot cité, trouvé dans un livre, aussi bien que de la lecture d'une séquence plus importante. Il va de soi que plus la catégorie englobe de cas de figure, plus sa description sera pluri-fonctionnelle. La citation d'un mot unique est de préférence utilisée comme autonyme et entraîne un commentaire métalinguistique. Si nous excluons de tels cas de la classe des DÉRO, cette fonction sera moins dominante en termes quantitatifs.

Dans le cadre de cette étude, nous avons opté pour une définition restreinte du DÉRO. Lors du dépouillement du corpus, l'identification a reposé sur deux critères: d'une part le discours représenté doit avoir une longueur d'au moins une phrase, délimitation pour une fois facile puisqu'il est question de langue écrite, d'autre part le discours doit être lu directement à partir de son support écrit, *i.e,* en ce qui concerne les exemples en question, à partir du livre À *défaut de génie.* Il est aisé de vérifier si tel ou tel cas remplit les critères posés étant donné que nous avons accès directement à l'image. Cette définition exclut les occurrences de mots ou groupes de mots, ainsi que les citations de mémoire qui ne sont pas forcément littérales.

3.2 Corpus

Dans cet article, nous examinerons un passage de *Bouillon de Culture* qui a été diffusé sur France 2 le 13 mai 2000 (l'extrait intégral se trouve dans l'appendice). Le présentateur Bernard Pivot (BP) s'entretient avec l'écrivain François Nourrissier (FN). Au début de l'émission, BP annonce que la discussion tournera autour de trois grands thèmes: François Nourrissier lui-même, son cercle d'amis et de connaissances et finalement son œuvre littéraire et la littérature en général. Les rôles des deux interlocuteurs créent, bien évidemment, un certain déséquilibre, vu qu'il est déjà établi à l'avance que la discussion tournera autour de FN et que la personne de BP, en tant que personne physique dans le monde dans lequel nous vivons, ne fait pas objet de la discussion. Il s'ensuit que tous les DÉRO relevés sont produits par BP et qu'il est toujours question du texte de FN.

Nous voulons souligner le fait que le corpus primaire est constitué des données enregistrées sur VHS et non pas de la transcription de celle-ci.[4] Par primaire, nous entendons que c'est la version vidéo qui a servi pour l'analyse définitive de tel ou tel énoncé, notamment dans les cas douteux. La transcription n'est qu'une représentation schématisée des données, dont l'existence est motivée par la facilité de traitement et de distribution des données.

Nous entrons dans la conversation au moment où le thème de la maladie de Parkinson (appelé *miss P* dans le livre) de FN vient d'être discuté. Ce thème sert de transfert au prochain, à savoir celui qui développera l'idée que FN se plaint, de manière injustifiée et exagérée, de son manque de talent. Ce thème se divise en trois séquences cohérentes consécutives, que nous rangerons par simplicité sous les trois titres suivants: *Vous écrivez bien, Vous vous plaignez, Quand on écrit bien, il ne faut pas se plaindre*.

L'extrait en question se trouve à peu près à 15 minutes (15:41-18:25) du début de l'émission et dure 2.44 minutes. Dans la présentation ci-dessous, la transcription de base est complétée par quelques symboles du modèle élaborée par Gail Jefferson (Ochs, Schegloff, Thompson 1996:461-465), pour fournir plus de détails qu'une transcription simplement orthographique.[5] Les DÉRO sont écrits en caractères italiques. Voici la transcription du passage:

Première séquence: *Vous écrivez bien*

1. BP: (0.3) °ouais° .hhh mais .h=
2. BP: =e:t (.) et Miss Pe: (0.5) pardo::n mais elle (ne) vous empêche pas d'écri:re
3. BP: (0.3) avec plaisir avec jubilation

---

[4] C'est également la raison pour laquelle il se peut que le lecteur trouve des divergences entre les DÉRO reproduits dans la transcription et le texte original de FN.

[5] La liste exhaustive des symboles se trouve dans l'appendice.

4.	BP:	(0.2) permettez-moi de lire ceci
5.	BP:	.hh alors là
6.	BP:	.hh vous êtes eu:h=
7.	BP:	=vous parlez de: certaines personnes de votre+ (euh) jeunesse
8.	BP:	.hhh et qui appartenaient au beau mo:nde=
9.	BP:	=que+ vous fréquentiez et puis qui vous aga:ce
10.	BP:	(.) alors vous écrivez ceci
11.	BP:	.hhhh °°ouais ouais°° (0.5) vraiment j- j'aime ça=
12.	BP:	=*les arômes ch:au:ds et croustilleux du gratin*
13.	BP:	=*au lieu de me flâtter me tordaient le nez*
14.	BP:	*.hhh je me: (0.2) sentais près de lâcher des niaiseries=*
15.	BP:	=*que je n'eusse pas pardonné aux aut'*
16.	BP:	*.hhh a::h ces gens-là sont infréquentables et regardez-les*
17.	BP:	*.hhh la laine près du co::rps .hh le moulant italien l'épaule londonien*
18.	BP:	=*et les fe:mmes des (ceintres) des guillemets jamais refermés*
19.	BP:	*.hhh de la soie sauvage sur de l'os*
20.	BP:	*.hhh les voie:s débit pressées de (chasse aux mots)*
21.	BP:	.hhh °écoute:z°
22.	BP:	(0.1)(0.7) superbe
23.	FN:	(0.2)(0.4) °oui c'est p(h)as m(h)al(h)°
24.	BP:	(0.2) ouais c'est pas mal hei:[: n]
25.	FN:	[(h)i] c'[e(h)st p(h)as m](h)al
26.	BP:	[convenez- e:n]
27.	FN:	(0.2)(0.8) c'e::st ma::is (0.2) °(gorge)° (0.5) vous (avez)
28.	FN:	eu:::::h il y a le mot li:vre+ (0.3) y a le mot littérature
29.	FN:	(0.4) et y a le mot travail (0.3) je pourrais toujours tout ramener à cela
30.	FN:	(0.6) ceci au service de ce+la le travail au service de
31.	BP:	(0.2) °ouais°
32.	FN:	(0.1) de:: de de de la langue et de: (0.6) eu::::h soy- soyons=
33.	FN:	=j'ai plus grand-chose eu::::h dans mon (0.4) dans ma gibeciè:re
34.	FN:	(0.4)j'ai encore la possibilité (0.4) de:: (1.2) ne lâcher un tex(te+)=
35.	FN:	=quand je le crois (0.2) arrivé à un- (0.3) un certain degré (0.9) disons de qualité

Deuxième séquence: *Vous vous plaignez*

36.	BP:	(0.7) mais .hhh >écoutez<
37.	BP:	(0.4) eu::h (0.3) euh (.) je+ lis c- (.) alo-
38.	BP:	(0.1) (mwlè) (.) là: c'était vous racontiez=

39.	BP:	=mais là (.) là (.) là=
40.	BP:	=c'est c'est c'e::st~une sorte d'auto-flagellation
41.	BP:	(0,2) et MEME dans l'auto-fla- (0.2) flagellation .hh vous semblez j:ubiler
42.	BP:	[.h h h]
43.	FN:	[ah ben] surtout là::
44.	FN:	(0.1) s[urtout là]
45.	BP.	[a:h oui sur]tout là:[:]
46.	FN:	[°ha°] (.)[°°ha°°]
47.	BP:	[alors]
48.	BP:	*.hhh depuis que je me dégoûte je dégoûte aussi les aut(res)=*
49.	BP:	*=naguère je vivais dans l'illusion plutôt niaise d'être sinon aimé*
50.	BP:	*.hh au moins considéré comme un élément familier du décor*
51.	BP:	*(.) toléré: (.) °mieux°.hhhh en situation de complicité=*
52.	BP:	*=avec les gens que j'estimais .hhh*
53.	BP:	*du jour où mon apparence physique a commencé de me faire horreu:r*
54.	BP:	*.hhh il m'a semblé .hh être entouré de suspicion=*
55.	BP:	*=je sens autour de moi comme des odeu:rs*
56.	BP:	*.hhh l'indifférence .hh la moquerie le sarcasme*
57.	BP:	*.hhh quelqu'un se (mêle)-t-il de me dire ou de m'écrire une douceu:r*
58.	BP:	*je doute immédiatement non pas de sa sincérité*
59.	BP:	*.hh mais de son jugeme:nt*
60.	BP:	*.hhh j'en viens à me méfier de qui ne me méprise pas*
61.	BP:	*.hhh tentais-je de me repre::ndre .hh*
62.	BP:	*de+ remonter dans ma propre estime+*
63.	BP:	*.hh un miroir me jette à la gueule mon ima:ge*
64.	BP:	*.hh et j'abonde aussitôt dans le sens de+: .hh mes ju::ges*
65.	BP:	.hhh alors
66.	BP:	(0.2) quand on est ca:pable d'écrire comme ce+la
67.	BP:	(0.4) on ne se plaint pa::s'

Troisième séquence: *Quand on écrit bien, il ne faut pas se plaindre*

68.	FN:	(0.6)(1.2) je ne me plains pas
69.	FN:	j'fais (le) li:vre
70.	BP:	(0.7) mais si:: vous vous plaigne:z=
71.	BP:	=quand même on va voir ça:
72.	BP:	(.) si [: si : :]

73.	FN:	[n::o:n y] a pas y a pas y a=
74.	FN:	=°(h)(h)° il y a p[as de+ plai:nte dans ce:s (non y a pas beaucoup)]
75.	BP:	[si si: : : be:n mais non attendez vous] vous plaignez
76.	BP:.	avec éléga:nce avec brio avec panache
77.	BP:	.hh mais quand même (.) y a une plainte (0.3) y a (.) y a un chagri:n
78.	FN:	(0.9) y::::: a un chagri:n
79.	FN:	c'e::st c'est pas venu:
80.	FN:	=c'est pas venu comme j'attendai:s c'est pas venu comme je craignai:s=
81.	FN:	=c'est pas venu comme j'espérai:s .hhhhh mai:s mais c'est là:
82.	FN:	(0.5) alors c'est vrai que+:::::::::::::: y a: y a le chagrin de:
83.	FN:	.hhh de: de >de de< la fin des cho::ses [y a : :]
84.	BP:	[>°bien<] sû::r°
85.	FN:	(0.4) eu::::h mai:s (0.5) tant que je pourrais m'accrocher
86.	FN:	(1.4) à mes (.) à (.) aux mo:ts (1.0) °°eu:::h°° je:: je survivrai
87.	BP:	(0.1) mais (0.1) alors (.) les mo::ts (0.1) parlons-e::n

3.3. Arrière-plan théorique

Il existe un grand nombre de recherche sur le discours représenté.[6] Pourtant, à notre connaissance, le DÉRO n'a pas, jusqu'à présent, attiré l'attention de chercheurs en linguistique française. Ceci n'est guère surprenant vu le contexte spécifique qu'il semble exiger.

Le cadre théorique dans lequel nous nous plaçons est celle d'une approche qui prend en compte plusieurs perspectives explicatives, si l'on veut «pluri-dimensionnelle» ou «modulaire» au sens large. Plus concrètement, nous essayerons de mettre en rapport trois approches différentes de la notion d'argumentation pour expliquer l'emploi du DÉRO.

Au niveau sémantique, l'interprétation du terme *argumentation* s'inspirera notamment de la version standard de la Théorie de l'Argumentation Dans la Langue (Anscombre et Ducrot 1988, Anscombre *et al.* 1995), théorie qui date maintenant de plus de vingt ans mais qui garde un fort pouvoir explicatif en ce qui concerne les éléments argumentatifs dans le système de la langue. Selon ses postulats, la sémantique et l'argumentation s'équivalent. Cette argumentation est donc mise en œuvre quelle que soit la fonction communicative de l'énoncé. On peut être amené à croire que toute présence d'éléments argumentatifs sémantiques aboutit à une argumentation rhétorique. Ceci n'est pas le cas, puisque toute production langagière est *per se* une argumentation sémantique, si l'on adopte la Théorie de l'Argumentation Dans la Langue.

Au niveau rhétorique, les théories sur l'argumentation ont leurs racines dans la rhétorique classique de l'Antiquité. Parmi les nombreux chercheurs dans le domaine,

---

[6] Pour une bibliographie exhaustive des publications sur le discours représenté, voir le site du groupe Ci-dit (membres fondateurs: Laurence Rosier, Sophie Marnette, Juan Manuel López Muñoz): www. ci-dit. org

il faut mentionner Perelman (1958) et Toulmin (1958), tous deux philosophes ayant le statut de repères historiques dans le domaine en question. On considère *grosso modo* qu'une argumentation consiste à présenter un certain nombre d'arguments en faveur d'une conclusion. Ces arguments, appelés *topoï* dans la tradition classique peuvent être de natures diverses. En linguistique française, cette tradition a été poursuivie par Plantin (1990).

La rhétorique classique peut être appliquée au genre monologique. Or ce qui nous intéresse au niveau interactionnel/social est ce qui se passe en temps réel entre les participants d'une conversation. La langue est examinée non pas comme but auto-suffisant, mais comme reflet des rapports entre les personnes impliquées dans l'interaction. Dans cette perspective, l'argumentation est conçue comme une relation conflictuelle qui surgit dans le mode dialogique. Il s'agit donc, dans les termes de Van Eemeren et Grootendorst (1996:15-16), de divergence d'opinion et de dispute.

4. Le DÉRO et son cadre énonciatif

Nous avons pu constater que les DÉRO de l'émission examinée ont une structure conversationnelle commune. Nous illustrerons cette structure par les deux occurrences relevées dans l'extrait choisi. C'est BP qui est responsable de tous les DÉRO, ce qui n'est guère surprenant, étant donné les rôles «institutionnalisés» par le genre discursif de *Bouillon de culture*.

Les deux séquences sont introduites par ce que nous appelons des pré-séquences qui servent à introduire un nouveau thème aussi bien qu'à capter l'attention de l'auditoire. Il s'agit de *(0.3) °ouais° .hhh mais .h* (ligne 1) et *(0.7) mais .hhh >écoutez<.* (ligne 36). Ces pré-séquences sont suivies d'un certain nombre d'énoncés, qui vont fournir des instructions pour l'interprétation du DÉRO. De la même façon que pour toute forme de discours représenté, il est obligatoire de marquer le changement de cadre énonciatif. Le fait que BP ouvre un livre pour faire une lecture en est l'indication la plus concrète et apparente, mais les indices linguistiques se superposent à celle-ci. D'une part nous avons des énoncés introducteurs qui servent d'«ancrage» en ce sens qu'ils désignent la source du discours lu. Ces énoncés peuvent être comparés avec les propositions d'attribution du discours représenté direct. Il est question des énoncés suivants:

(1) 4. BP: (0.2) permettez-moi de lire ceci
     10. BP: (.) alors vous écrivez ceci

(2) 37. BP: (0.4) eu::h (0.3) euh (.) je+ lis c- (.) alo-
     38. BP: (0.1) (mwlè) (.) là: c'était vous racontiez=

D'autre part, nous sommes en présence d'indications phonologiques dans la réalisation même du DÉRO. Il est bien connu que la lecture à haute voix présente des caractéristiques prosodiques particulières. De plus, on remarque que le débit de parole est accéléré lors de la lecture de BP.

De la même manière qu'il faut marquer le passage du discours direct au DÉRO, il faut marquer le retour à l'énonciation directe. Les DÉRO sont immédiatement suivis d'expressions qui en marquent la clôture. En ce qui concerne la première séquence, il s'agit de *.hhh °écoute:z°* et pour la deuxième *.hhh alors*. Ces expressions marquent la fin des DÉRO, en même temps qu'elles relancent le mode du discours direct, et par conséquent, réinstaurent les règles conversationnelles du genre dialogique.

Le contexte conversationnel du DÉRO se schématise de la façon suivante en ce qui concerne le cadre énonciatif:

[ancrage] → [DÉRO] → [clôture/relance]

Ce schéma est susceptible de varier: il arrive que d'autres éléments soient insérés dans cette structure. La présence d'ancrage antéposé au DÉRO et de clôture postposée semble toutefois obligatoire.

5. Fonctions argumentatives du DÉRO

Après une première analyse de l'ensemble des DÉRO de l'émission en question, nous avons observé quelques tendances en ce qui concerne son emploi. Il semble que sa présence s'explique à partir de trois aspects spécifiques qui ne s'excluent pas. Premièrement, il est un instrument dans la distribution des tours de parole. Lorsque BP cite un de ses invités, celui-ci sera très probablement hétéro-sélectionné comme prochain locuteur. Cette fonction n'est pas aussi apparente dans l'émission examinée, puisqu'il n'y a qu'un seul invité. Cependant, si l'on a affaire à un plurilogue, comme c'est le cas pour d'autres émissions dans la même série, ceci se constate facilement. Deuxièmement, le DÉRO peut servir à lancer un nouveau thème ou sous-thème. Troisièmement, il peut être employé comme stratégie argumentative et c'est sur cette dernière fonction que nous nous focaliserons dans le reste de cet article.

Comme nous l'avons constaté (voir 3.3), il est possible de différencier plusieurs acceptions du terme *argumentation*. La première concerne la signification des mots et des énoncés, tandis que la deuxième se place au niveau rhétorique. Finalement, on parle d'argumentation au niveau interactif lorsqu'il y a conflit d'opinions.

5.1 Le DÉRO et l'argumentation sémantique
Selon la Théorie de l'Argumentation Dans la Langue, la sémantique même des mots s'explique en termes argumentatifs. Or, beaucoup des théoriciens qui s'inspirent de cette théorie, sans pour autant l'employer de façon radicale, admettent que les mots

présentent une argumentativité sémantique plus ou moins dense. Parmi les catégories fortement argumentatives, on trouve notamment des connecteurs et des marques polyphoniques. Prenons le connecteur *(et) même* pour illustrer l'argumentation au niveau sémantique:

(3) 40. BP: =c'est c'est c'e::st~une sorte d'auto-flagellation
            BP: (0,2) et MEME dans l'auto-fla- (0.2) flagellation .hh vous semblez j:ubiler [.h h h]—

Le connecteur marque une force argumentative croissante.[7] Les deux énoncés reliés sont co-orientés vers une même conclusion. Lorsqu'un des deux énoncés comporte *même*, il est l'argument supérieur de la même échelle: il y a donc une relation de co-orientation de force croissante.

En ce qui concerne les DÉRO étudiés, on observe que l'argumentation sémantique de la première séquence est détachée de la conclusion «vous écrivez bien» défendue par BP. C'est pourquoi celui-ci se voit obligé d'introduire le DÉRO avec une explication thématique adressée au public:

(4) 7. BP: =vous parlez de: certaines personnes de votre+ (euh) jeunesse
      8. BP: .hhh et qui appartenaient au beau mo:nde=
      9. BP: =que+ vous fréquentiez et puis qui vous aga:ce   [...]

Dans la deuxième séquence, l'argumentation sémantique de la conclusion «vous vous critiquez» est reprise thématiquement tout au long du texte écrit, par exemple dans les énoncés du DÉRO suivants (pour tout le passage, voir *supra*):

(5) 48. BP: *.hhh depuis que je me dégoûte je dégoûte aussi les aut(res)*

(6) 53. BP: *du jour où mon apparence physique a commencé de me faire horreu:r*

(7) 60. BP: *.hhh j'en viens à me méfier de qui ne me méprise pas*

Nous pouvons constater que l'argumentation sémantique du premier DÉRO est détachée de son contexte thématique. Ceci n'est pas le cas du deuxième DÉRO, dont l'argumentation sémantique est cohérente avec son contexte. Dans la section suivante, il ressortira que cette distinction joue un rôle pour son emploi argumentatif au plan rhétorique. Nous verrons dans la section 5.3 que l'argumentation sémantique des

---

[7] Pour une description synthétique des études sur ce connecteur, voir Norén 1999:68-71.

DÉRO peut donner lieu à une dispute, c'est-à-dire une argumentation au plan interactif.

5.2 Le DÉRO dans l'argumentation rhétorique

Nous avons vu que les deux séquences comportant chacune un DÉRO se construisent de façon similaire (voir 4) en ce qui concerne le marquage des plans énonciatifs. Ceci est également vrai pour la structure argumentative en conclusion/arguments.

Nous rappelons que la conclusion de la première séquence peut être résumée par l'idée que FN écrit bien. Celle-ci est exprimée dans les exemples suivants:

(8)   2.   BP: =e:t (.) et Miss Pe: (0.5) pardo::n mais elle (ne) vous empêche pas d'écri:re
      3.   BP: (0.3) avec plaisir avec jubilation

(9)   22. BP: (0.1)(0.7) superbe

En faveur de cette conclusion, BP avance deux arguments: le premier est une évaluation subjective *hhhh °°ouais ouais°° (0.5) vraiment j- j'aime ça=* (ligne 12) et le deuxième est le DÉRO. On a vu que ce dernier n'enchaîne pas sur le contenu sémantique de la conclusion, puisqu'il a comme thème une description d'un milieu social aisé. Cette description n'a rien à voir avec le talent, ou le manque de talent, de FN. Le DÉRO est un argument en faveur de la conclusion avancée dans le sens où il est une illustration, de la qualité littéraire du livre de FN. Sa fonction argumentative est donc de caractère métalinguistique.

L'argumentation par DÉRO est efficace, puisque FN est amené à une concession. Par l'énoncé *(0.2)(0.4) °oui c'est p(h)as m(h)al(h)°*, il adhère au point de vue «vous écrivez bien». Cependant, BP ne semble pas se contenter de cette concession étant donné que, tout en confirmant l'énoncé de FN, il enchaîne par *hein* dans *(0.2) ouais c'est pas mal hei:[: n]*, marqueur typique de demande de confirmation. C'est alors que FN répète sa concession, continuation préférée dans la conversation. Peut-être est-il quelque peu surprenant de voir que BP enchaîne avec une nouvelle demande de confirmation. Or, il se peut qu'il ait senti que malgré les concessions de FN, le consensus n'est pas encore établi. D'ailleurs, cette interprétation est corroborée par le fait que FN reprend la parole avec un tour important qui marque un changement d'orientation argumentative:

(10) 27. FN: (0.2)(0.8) c'e::st ma::is (0.2) °(gorge)° (0.5) vous (avez)
      28. FN: eu:::::h il y a le mot li:vre+ (0.3) y a le mot littérature
      29. FN: (0.4) et y a le mot travail (0.3) je pourrais toujours tout ramener à cela
      30. FN: (0.6) ceci au service de ce+la le travail au service de
      31. BP: (0.2) °ouais°

	32.	FN:	(0.1) de:: de de de la langue et de: (0.6) eu::::h soy- soyons=
	33.	FN:	=j'ai plus grand-chose eu::::h dans mon (0.4) dans ma gibeciè:re
	34.	FN:	(0.4)j'ai encore la possibilité (0.4) de:: (1.2) ne lâcher un tex(te+)=
	35.	FN:	=quand je le crois (0.2) arrivé à un- (0.3) un certain degré (0.9) disons de qualité

Bien qu'il ne soit pas question de contre-argument au sens fort, ce tour peut être résumé par l'idée que «certes, je suis un assez bon auteur, mais ce n'est pas une question de talent ou de génie mais le résultat de bonnes conditions de travail».

Ce virage dans l'orientation argumentative donne lieu à la deuxième séquence de l'extrait. BP lance une nouvelle argumentation, dont la conclusion correspond à l'idée que «vous vous plaignez», représentée par =*mais là (.) là (.) là c'est c'est c'e::st~une sorte d'auto-flagellation*, et surenchérit par la reformulation marquée par *et même* réalisé avec une focalisation spécialisée.[8]

(11)	40.	BP:	=c'est c'est c'e::st~une sorte d'auto-flagellation
	41.	BP:	(0,2) et MEME dans l'auto-fla- (0.2) flagellation .hh vous semblez j:ubiler
	42.	BP:	[.h h h]

Dès que BP a exposé cette conclusion, FN montre son accord avec les énoncés suivants, dont la réception est aussitôt confirmée par BP:

(12)	43.	FN:	[ah ben] surtout là::
	44.	FN:	(0.1) s[urtout là]
	45.	BP.	[a:h oui sur]tout là:[:]

Nous nous retrouvons une fois de plus devant une situation dans laquelle FN adhère au point de vue de BP, bien que celui-ci le présente comme étant un objet de discussion plutôt polémique. Bien qu'il ait confirmé l'accord de FN, BP emploi à nouveau le DÉRO comme stratégie argumentative. Or, cette fois-ci, le DÉRO remplit une double fonction: d'une part il enchaîne, comme on vient de le voir dans 5.3, sur le contenu sémantique de la conclusion en exprimant l'extrême auto-critique que l'écrivain s'adresse à lui-même, d'autre part il illustre encore l'élégance stylistique du texte de FN. L'argumentation est donc poursuivie bien que FN ait consenti à la conclusion. BP clôt cette séquence avec l'énoncé en reformulant sa conclusion:

(13)	66.	BP:	(0.2) quand on est ca:pable d'écrire comme ce+la

---

[8] Pour l'étude approfondie de la relation entre la reformulation et l'argumentation, voir Norén 1999, 2000b, 2002b.

        67.   BP: (0.4) on ne se plaint pa::s,

Comme on le verra par la suite, cette reformulation s'avérera décisive pour l'évolution de la conversation (voir 5.3).

En examinant le contexte des deux DÉRO, on constate qu'une conclusion et sa reformulation viennent les encadrer. La première conclusion donne des instructions quant à l'interprétation de la fonction du DÉRO en annonçant qu'il s'agit d'argumentation. Lorsque la lecture du DÉRO est terminée, il y a un rappel de la conclusion sous forme de reformulation. On peut superposer la structure argumentative à la structure du contexte conversationnel (voir 4), pour obtenir le schéma suivant:

[ancrage – conclusion] → [argument/DÉRO] → [clôture – conclusion']

Le DÉRO correspond à un argument autour duquel se placent des éléments qui d'une part organisent les plans énonciatifs et d'autre part fournissent des instructions quant à la fonction du DÉRO, à savoir celle d'être argument pour une conclusion. La position de ces éléments est fixe par rapport au DÉRO, mais ils peuvent changer de place entre eux, par exemple dans la première séquence la conclusion précède l'ancrage, alors que c'est l'inverse dans la deuxième séquence.

L'efficacité communicative du DÉRO tient au fait qu'il met en place une argumentation par autorité, stratégie rhétorique bien connue.[9] Traditionnellement, on considère qu'elle consiste à renforcer un argument en évoquant une autorité comme en étant responsable. Lorsqu'on présente un argument comme étant pris en charge par une personne qui fait autorité en la matière, l'effet persuasif du discours est rendu plus efficace. Il semble peut-être curieux de choisir son interlocuteur pour jouer ce rôle, puisqu'il n'est pas une autorité au sens strict du mot. Pourtant, il est difficile d'imaginer une argumentation plus efficace que celle qui consiste à dire que «vous avez vous-même dit que c'est comme ça» pour faire admettre un point de vue à quelqu'un.

5.3 Le DÉRO dans l'argumentation interactionnelle

Nous avons défini l'argumentation au niveau interactionnel comme une relation conflictuelle entre les interlocuteurs, en d'autres termes une dispute. De ce point de vue, il ne semble pas approprié de parler d'argumentation en ce qui concerne les deux premières séquences de l'extrait, étant donné que les deux participants ne montrent pas de divergence d'opinions. Bien que l'argumentation par autorité mise en place par BP puisse être perçue comme une provocation, FN ne se laisse pas entraîner dans la polémique. Bien au contraire, on peut, à partir du contenu sémantique des énoncés, constater que FN montre à plusieurs reprises son accord envers les conclusions proposées par BP:

---

[9] Voir entre autres Ducrot 1984: 149-169, Norén 2000a, 2001.

(14) 23. FN: (0.2)(0.4) °oui c'est p(h)as m(h)al(h)°
     24. BP: (0.2) ouais c'est pas mal hei:[: n]
     25. FN: [(h)i] c'[e(h)st p(h)as m](h)al
     26. BP: [convenez- e:n]

(15) 43. FN: [ah ben] surtout là::
     44. FN: (0.1) s[urtout là]
     45. BP.   [a:h oui sur]tout là:[:]

Or, un certain nombre d'indications annoncent la dispute. Il s'agit notamment des demandes de confirmation renouvelées par BP comme *hei:[: n]* et *[convenez- e:n]* dans l'exemple 14, qui indiquent que le locuteur cherche toujours à faire admettre son point de vue. A notre avis, BP reste insatisfait de la réaction de FN, ce qui explique pourquoi il continue à développer le même thème. Selon notre interprétation, le fait même que BP poursuit l'argumentation en initiant la deuxième séquence signale la discordance entre l'accord verbal de FN et le sentiment de désaccord. En utilisant un terme de la linguistique interactionnelle, nous dirons que la deuxième séquence sert de réparation à la première séquence.

Si l'on adopte la perspective de FN, celui-ci n'a pas lieu d'argumenter contre BP jusqu'à la clôture du deuxième DÉRO marquée par *.hhh alors* (ligne 65). Nous avons vu qu'il adhère aux deux conclusions: «J'écris bien» et «Je me plais à me critiquer». C'est au moment où BP reformule sa deuxième conclusion qu'éclate la dispute, initiée par l'objection de FN.

(16) 66. BP: (0.2) quand on est ca:pable d'écrire comme ce+la
     67. BP: (0.4) on ne se plaint pa::s'
     68. FN: (0.6)(1.2) je ne me plains pas
     69. FN: j'fais (le) li:vre
     70. BP: (0.7) mais si:: vous vous plaigne:z=
     71. BP: =quand même on va voir ça:
     72. BP: (.) si [: si : :]
     73. FN: [n::o:n y] a pas y a pas y a=
     74. FN: =°(h)(h)° il y a p[as de+ plai:nte dans ce:s (non y a pas beaucoup)]
     75. BP: [si si: : : be:n mais non attendez vous] vous plaignez
     76. BP:. avec éléga:nce avec brio avec panache
     77. BP: .hh mais quand même (.) y a une plainte (0.3) y a (.) y a un chagri:n

Par l'énoncé *(0.2) quand on est ca:pable d'écrire comme ce+la (0.4) on ne se plaint pa::s'*, BP reformule la deuxième conclusion «vous vous plaignez» en même temps qu'il la met en rapport avec la conclusion de le première séquence «vous écrivez bien». Ce faisant, il indique la contradiction des paroles de FN qui accorde d'une part qu'il écrit bien et d'autre part qu'il se plaît à se critiquer. BP présente la loi de passage qui relie les deux termes de l'argumentation comme généralement acceptée.

On pourrait alors s'attendre à ce que FN s'y oppose pour défendre l'idée inverse «Si l'on écrit bien, on garde toujours le droit de se plaindre», ce qui n'est pas le cas. C'est un sujet métalinguistique qui sera au centre de la dispute. Selon la perspective de BP, le mot *auto-flagellation* de la conclusion *(0,2) et MEME dans l'auto-fla- (0.2) flagellation .hh vous semblez j:ubiler* équivaut au mot *plainte*. Ceci est soutenu par le contenu sémantique du deuxième DÉRO. Selon la perspective de FN, BP s'est rendu coupable d'une mauvaise interprétation du DÉRO en question. De plus, FN consent à l'idée d'*auto-flagellation*, sans pour autant admettre que celle-ci est une forme de plainte. C'est sur ce point que FN fait objection:

(17) 68. FN: (0.6)(1.2) je ne me plains pas

(18) 73. FN: [n::o:n y] a pas y a pas y a=
     FN: =°(h)(h)° il y a p[as de+ plai:nte dans ce:s (non y a pas beaucoup)]

On constate que la dispute ne surgit pas en contact direct avec les DÉRO. Cependant, ceux-ci jouent un rôle important dans l'évolution de la conversation, puisque c'est l'interprétation de leur argumentation sémantique qui est la source du conflit d'opinions.

Finalement, les deux interactants arrivent à négocier le terme exact en se mettant d'accord pour accepter le rapprochement entre les mots *plainte* et *chagrin:*

(19) 77. BP: .hh mais quand même (.) y a une plainte (0.3) y a (.) y a un chagri:n
     78. FN: (0.9) y::::: a un chagri:n

Ce thème est ensuite développé par FN qui livre une explication de la présence du chagrin dans son texte:

(20) 79. FN: c'e::st c'est pas venu:
     80. FN: =c'est pas venu comme j'attendai:s c'est pas venu comme je craignai:s=
     81. FN: =c'est pas venu comme j'espérai:s .hhhhh mai:s mais c'est là:
     82. FN: (0.5) alors c'est vrai que+::::::::::::: y a: y a le chagrin de:
     83. FN: .hhh de: de >de de< la fin des cho::ses [y a : :]
     84. BP: [>°bien<] sû::r°
     85. FN: (0.4) eu::::h mai:s (0.5) tant que je pourrais m'accrocher
     86. FN: (1.4) à mes (.) à (.) aux mo:ts (1.0) °°eu:::h°° je:: je survivrai
     87. BP: (0.1) mais (0.1) alors (.) les mo::ts (0.1) parlons-e::n

Sans consensus, les deux interactants peuvent difficilement fermer la séquence. Selon nous, c'est la raison pour laquelle les deux interlocuteurs acceptent de «mettre en scène» un accord. FN choisit d'interpréter *chagrin* comme une reformulation de *plainte*. BP choisit de marquer, *avec [>°bien<] sû::r°,* qu'il comprend et qu'il soutient le discours de FN. Lorsque celui-ci termine son tour avec l'énoncé *(0.4) eu::::h mai:s (0.5) tant que je pourrais m'accrocher (1.4) à mes (.) à (.) aux mo:ts (1.0) °°eu:::h°° je:: je survivrai,* BP saisit l'occasion pour changer de sujet en reprenant *mots* avec un marqueur de changement de thème *parlons-e::n*.

6. En guise de conclusion

L'objectif de cet article était d'examiner de plus près la fonction argumentative du Discours Ecrit Représenté à l'Oral, comme il se produit pendant une émission télévisée, *Bouillon de culture* avec Bernard Pivot et François Nourrissier.

Ce travail se place au sein d'un projet de recherche ayant pour objectif d'étudier le français parlé des média selon une approche pluri-dimensionnelle. Pour ce faire, les chercheurs du groupe travaillent dans trois domaines différents: la morpho-syntaxe, l'énonciation et l'interaction, dans le but d'examiner la corrélation des phénomènes linguistiques particuliers au genre discursif médiatique.

La notion d'argumentation peut recevoir trois acceptions différentes. Au plan sémantique il est question de l'argumentation comme partie constituante du sens des mots et des énoncés. Au plan rhétorique, le concept d'argumentation se rapproche de celui de raisonnement, c'est-à-dire des structures qui agencent les énoncés en conclusions et en arguments. Au plan socio-interactif, on comprend l'argumentation comme la divergence d'opinions qui se manifeste par une dispute.

Nous basant sur les occurrences du DÉRO dans l'émission étudiée, nous avons pu constater qu'il s'accompagne obligatoirement d'un ancrage antéposé et d'une clôture postposée qui signalent le changement de plans énonciatifs entre le discours direct et le discours représenté.

Le DÉRO semble capable de remplir diverses fonctions dans le discours médiatique. Dans cet article, nous avons principalement examiné son rôle dans l'argumentation sémantique, rhétorique et interactive. C'est notamment son emploi comme stratégie rhétorique qui a été discuté. Nous avons pu observer que le DÉRO s'utilise, ou bien comme argument métalinguistique, ou bien comme argumentation par autorité.

Nous avons mis en relations des éléments appartenant à trois différents niveaux d'analyse. Sur le plan sémantique, l'argumentation inhérente des mots et des énoncés contribue à la construction du raisonnement au niveau rhétorique. Nous avons également observé que la dispute interactionnelle peut être le résultat d'un désaccord sur l'argumentation sémantique, c'est-à-dire le sens des DÉRO. De plus, nous avons vu que l'argumentation rhétorique n'aboutit pas obligatoirement à une dispute au niveau interactif. Bien que l'analyse argumentative du DÉRO présentée dans cet article ne concerne qu'un extrait de discours médiatique, nous espérons finalement avoir montré qu'une approche pluri-dimensionnelle est fructueuse pour la description d'un phénomène linguistique.

Références bibliographiques

Anscombre, J.-C. *et al.* (1995), *La théorie des topoï*. Paris: Editions Kimé.

Anscombre, J.-C. et Ducrot, O. (1988) [1983], *L'argumentation dans la langue*. Liège: Mardaga.

Broth, M. (2002a), *Agents secrets. Le public dans la construction interactive de la représentation théâtrale*. Uppsala: Acta Universitatis Upsaliensis.

Broth, M. (2002b), « La clôture interactionnelle d'une émission télévisée ». *Actes du XVème Congrès des romanistes Scandinaves*, tenu à Oslo le 12-17 août 2002.

Broth, M. (ici-même). La réalisation des images télévisées comme accomplissement social.

Ducrot, O. (1984), *Le dit et le dire*. Paris: Editions de Minuit.

Eemeren, F. van et Grootendorst, R. (1996), *La nouvelle dialectique*. Paris: Kimé.

Forsgren, M. (2002), Le français parlé des médias (FPM): programme pour une recherche variationniste pluri-dimensionnelle. *Actes du XVème Congrès des romanistes Scandinaves*, tenu à Oslo le 12-17 août 2002.

Lindqvist, C. (2001), *Corpus transcrit de quelques journaux télévisés français*. Uppsala: Uppsala University.

Norén, C. (1999), *Reformulation et conversation. De la sémantique du topos aux fonctions interactionnelles*. Studia Romanica 60. Acta universitatis uppsaliensis. Uppsala: Uppsala University Library.

Norén, C. (2000a), L'argumentation par autorité dans les répliques de Madame Bovary. Olsen, M. (éd.), *Polyphonie – linguistique et littéraire* I. Roskilde: Roskilde Samfundslitteratur. 31-52.

Norén, C. (2000b), Reformulation polémique et contexte conversationnel. Engelbert, A.*et al.* (éds). *Actes du XXIIe Congrès international de Linguistique et Philologie romanes* (tome VII). Tübingen: Max Niemeyer. 527-537.

Norén, C. (2001), *C'est vrai, puisque Kerstin l'a dit* – Argumenter par autorité dans la conversation. Kronning, H. *et al.* (éds).*Langage et référence*. Acta universitatis upsaliensis. Uppsala university Library. 439-447.

Norén, C. (2002a), Les images de l'allocutaire dans le discours médiatique. Olsen, M. (éd.). *Polyphonie –linguistique et littéraire* V. Roskilde: Roskilde Samfundslitteratur. 85-100.

Norén, C. (2002b), Argumentative Elemente in der Reformulierung. Bastian, S & Hammer, F. (éds). *Wie sagt man doch so schön. Beiträge zu Metakommunikation und Reformulierung in argumentativen Texten*. Frankfurt: Peter Lang. 63-82.

Ochs, E, Schegloff, E & Thompson, S. (éds). (1996). *Interaction and grammar*. Cambridge: Cambridge University Press.

Perelman, C. & Olbrechts-Tytecha, L. (1958). *La nouvelle rhétorique, traité de l'argumentation*. Bruxelles: Université de Bruxelles.

Plantin, C. (1990). *Essais sur l'argumentation*. Paris:Kimé.

de l'interaction du plateau.³ Et s'il lui arrive de penser à son existence, c'est sans doute le plus souvent quand le réalisateur fait quelque chose d'inattendu par rapport aux attentes normatives du membre-téléspectateur.⁴ Bien entendu, le réalisateur doit également être un membre compétent pour pouvoir accomplir sa tâche consistant en une médiatisation⁵ de l'interaction: il lui est impératif de comprendre de façon adéquate ce qui se passe pour arriver à découper l'interaction – ce qui implique une inclusion de certains traits au détriment d'autres traits dans ce qui est mis à l'antenne – mais sans pour autant nuire à son intelligibilité (Bonu 1999). L'opération de découper l'interaction est généralement considérée comme nécessaire, à la fois pour rendre celle-ci plus accessible à la télévision – comme le téléspectateur se trouve extérieur au groupe des interactants, on doit donc le rapprocher au moyen de gros plans – et peut-être aussi plus «appétissante» aux yeux du téléspectateur-consommateur, par le moyen de changements récurrents de plan.⁶ Il la découpe aussi bien spatialement (le champ de vision inclus dans un cadrage) que temporellement (l'alternance entre ce qui vient d'être montré et ce qui n'est plus montré).

Dans cette étude, ce sont justement les actions du réalisateur qui occuperont notre attention. Nous essayerons d'analyser une partie d'une émission télévisée, centrant notre analyse autour de deux questions liées: comment le réalisateur comprend-il l'interaction sur le plateau? Et qu'est-ce qu'il fait de cette compréhension?

---

³ Il s'agit en fait d'un agent, ou participant, collectif, puisque celui que l'on a l'habitude d'appeler «réalisateur» n'est en fait qu'une des nombreuses personnes impliquées dans la réalisation d'une émission télévisée. Cette personne a à sa disposition toute une équipe (les cadreurs sur le plateau, et, en régie, le scripte, le truquiste, l'habilleur, les assistants, les ingénieurs du son et de l'image etc.) avec qui il lui est nécessaire de communiquer lors de son travail, et qui contribuent ainsi également à la constitution du produit télévisé (*cf.* Relieu 1999 pour une analyse plus approfondie de la réalisation comme accomplissement collectif). Sans jamais oublier ce fait, nous continuerons néanmoins, dans ce qui suit, à appeler le sujet responsable de la médiatisation le «réalisateur».

⁴ Quand tout se passe normalement, les actions du réalisateur ne sont donc pas susceptibles d'être remarquées. Ceci ne veut aucunement dire que le téléspectateur ne soit pas sensible à ses actions; au contraire, il les perçoit à travers son savoir de membre et sa compréhension de l'interaction médiatisée est guidée par elles: elles sont «vues mais non remarquées» (Garfinkel 1967).

⁵ Par «médiatisation» nous entendons le transfert d'un objet quelconque vers un média. Dans ce cas précis, ce média est bien entendu la télévision, et l'objet médiatisé transparaît par conséquent dans la représentation visuelle qui apparaît à l'écran.

⁶ Nous devons la dernière partie de cette remarque à Michel Hermant (communication personnelle).

2. L'émission

Les données pour cette étude proviennent d'une émission de «Bouillon de culture», diffusée le 13 mai 2000.[7] Dans cette émission, réalisée par Michel Hermant, l'animateur Bernard Pivot (BP par la suite) discute avec l'écrivain français François Nourrissier (FN) au sujet du dernier roman de celui-ci, *A défaut de génie*. Ces deux hommes sont les seules personnes sur le plateau, et, contrairement à ce qui est le cas pour la plupart des autres émissions de cette série, il n'y a pas de public présent cette fois-ci. Dans une pièce avoisinante, le réalisateur surveille cette émission à l'aide de quelques petits écrans lui transmettant les images des caméras placées autour du plateau. A l'exception de la caméra fixe donnant une vue d'ensemble du plateau, les caméras sont manipulées par des cadreurs, auxquels le réalisateur peut donner des instructions verbalement. C'est à partir de cette information visuelle, ainsi que de l'information auditive, de ce qui se passe dans l'interaction du plateau que le réalisateur prend sans cesse, et en temps réel, les décisions sur ce qui sera passé à l'antenne à un moment donné.

3. Analyse

Le dialogue du passage considéré, qui dure à peine trois minutes, a été transcrit. Outre le fait qu'une telle opération rende accessibles pour l'analyse les détails toujours très éphémères des interactions humaines, elle nous a également permis de saisir, avec quelque précision, l'aspect temporel de la réalisation par rapport à l'interaction du plateau.[8]

Suivant Harvey Sacks, le fondateur de la tradition dénommée «Analyse de conversation» ou «AC»[9], nous nous proposons d'observer les détails de ce que quelqu'un fait – ici la manière d'effectuer les changements de plans et les cadrages – pour ensuite essayer de comprendre le(s) problème(s) dont ces détails pourraient représenter la solution. Il nous sera ainsi possible d'arriver à une compréhension de

---

[7] Cette date est en fait celle de la rediffusion de l'émission sur TV5 Europe, et c'est sur cette rediffusion que nous travaillons. Auparavant, elle a été diffusée sur France 2. Il faut noter que la rediffusion de l'émission a été faite sans aucune modification quelconque par rapport à la diffusion originale, qui, d'ailleurs, ne se faisait pas non plus en direct. Celle-ci était en fait la diffusion d'un enregistrement fait antérieurement, mais dans les conditions d'un direct, c'est-à-dire sans interruption ou reprise. Le produit télévisé analysé ici n'a donc pas subi de modifications après la mise en images qui a eu lieu en même temps que l'interaction du plateau.

[8] A part l'étude de Mondada (2001), nous ne sommes au courant d'aucune autre étude où est transcrite l'apparition exacte des changements de plan. La transcription du passage entier, ainsi qu'une présentation des symboles utilisés pour la transcription, se trouvent dans l'appendice de ce texte.

[9] De l'anglais «Conversation Analysis» ou «CA», courant d'inspiration ethnométhodologique (*cf.* p.ex. Garfinkel 1967).

ce vers quoi le réalisateur s'oriente en médiatisant l'interaction du plateau. La suite de cette présentation offrira une description – préliminaire, certes – des caractéristiques pertinentes pour le réalisateur dans son travail pour médiatiser l'interaction du plateau.[10]

3.1 Une émission bien construite

Commençons l'analyse en notant les endroits précis des changements de plans tels qu'ils apparaissent dans l'émission diffusée. Environ la moitié de ces changements se produisent par rapport à un même endroit séquentiel dans l'interaction du plateau. Cet endroit pourrait être catégorisé comme légèrement postérieur à un point de transition pertinent qui vient juste de se produire dans cette interaction. En voici quelques exemples, (1) et (2)[11] :

(1)   «Bouillon de culture» 000513 [15:41-15:48]

	1.	BP:	(0.3) °ouais° .hhh mais .h ^{BPFN*BP} e:t (.) et Miss Pe:
	2.	BP:	(0.5) pardo::n=
	3.	BP:	=mais elle (ne) vous empêche pas d'écri:re
	4.	BP:	(0.3) avec plaisir
	5.	BP:	avec jubilation
→	6.	BP:	(0.2) perme^{BP*FN}ttez-moi de lire ceci

(2)   «Bouillon de culture» 000513 [17:00-17:07]

	58.	BP:	=mais là (.) là (.) là=
	59.	BP:	=c'est c'est c'e::st~une sorte d'auto-flagellation
→	60.	BP:	(0.2) e^{BP*FN}t MEME dans l'auto-fla- (0.2) flagellation
	61.	BP:	.hh vous se^{FN*BP}mblez j:ubiler
	62.	BP:	[.h h h]
→	63.	FN:	[ah ben] ^{BP*FN} surtout là::

Il convient ici de discuter brièvement la question de savoir où les participants à une interaction entament les actions qu'ils ont à faire. Il semble en fait que l'emplacement exact des initiations se fasse en fonction du genre d'action à accomplir, et par conséquent – puisque différentes catégories de participants se constituent dans l'interaction par le fait qu'elles agissent différemment – aussi du statut catégoriel des participants.

Quelqu'un voulant prendre la parole dans une conversation «ordinaire» s'oriente vers des «points de transition pertinents», ou des «PTP», pour le faire, parfois anticipant sur ces endroits par sa capacité de prévoir comment l'«unité de construction de

---

[10] La description restera en fait préliminaire tant que le chercheur n'a pas accès à l'interaction entre le réalisateur et son équipe de cadreurs, ainsi qu'à des données vidéo du réalisateur au travail.

[11] Les symboles de transcription sont expliqués dans l'appendice. La convention «initiales de participant * initiales de participant» est exclusivement utilisée dans les exemples cités dans le texte, et indique quelle personne est filmée avant et après un changement de plan.

tours», ou «UCT», en cours va se terminer (Sacks *et al.* 1974).[12] C'est ce comportement, entre autres, qui le catégorise comme justement un des «conversants» d'une interaction. Si, au contraire, une personne s'oriente vers le maintien du silence lors des représentations théâtrales, elle produit souvent ses propres «bruits vocaux» – des toussotements et des raclements de gorge parfois inévitables – juste avant la fin d'une unité en cours, ce qui lui permet de ne pas toussoter «en solo» (Broth 2002a). Et si, toujours au théâtre, quelqu'un rit ouvertement à quelque chose qui vient de se passer sur la scène, l'initiation de son action se fait régulièrement immédiatement après la terminaison d'une unité (*ibid.*). La manière de placer les bruits vocaux et les rires est en fait constitutive de la catégorie des «spectateurs» lors d'une représentation théâtrale.

De toute évidence, le réalisateur d'une émission télévisée s'oriente également vers la terminaison d'unités dans son travail de découper une interaction en images. Ces unités peuvent être des UCT, mais aussi des «unités intonationnelles», ou «UI».[13] Cette différence peut tenir au fait que, contrairement à ce qui est le cas dans des situations de co-présence, le réalisateur ne peut pas interférer dans la gestion locale des tours par ses changements d'images. Notons donc que, même s'il pouvait changer d'image quand il le voudrait, bon nombre des changements se produisent après ces deux types d'unités.

En ce qui concerne les UCT, le réalisateur introduit souvent une nouvelle image à un endroit que l'on pourrait appeler «bien après la terminaison d'une unité», ou, plus justement, «peu après le commencement de l'unité suivante». Tout comme pour les autres catégories déjà mentionnées, on pourra considérer ce comportement comme constitutif de la catégorie du réalisateur.[14]

---

[12] Ces notions sont appelées «TRP» (*transition relevance place*) et «TCU» (*turn constructional unit*) dans la langue originale de l'article de Sacks *et al.* Les PTP apparaissent entre les UCT, conçues comme des actions complètes minimales dans leur contexte d'occurrence.

[13] Selon Du Bois *et al.* (1992: 100), l'unité intonationnelle peut très généralement se définir comme un morceau de discours se trouvant sous un seul contour intonationnel unifié. La fin d'une UI peut converger avec la fin d'une UCT – c'est le cas où l'UI s'achève sur une intonation terminative pour contribuer (avec d'autres indices de complétude de nature syntaxique, pragmatique et gestuelle) à la constitution d'un TRP – mais on retrouve aussi des fins d'UI qui ne sont pas pour autant des fins d'UCT – comme c'est le cas pour les UIs se terminant sur une intonation continuative.

[14] On pourrait évidemment se demander si le délai décrit n'était pas dû à des raisons techniques. Bien qu'il n'y ait aucune manière d'apprécier, à partir de nos données, l'influence de la technique sur la dimension temporelle des changements de plan, on peut tout de même noter que, parfois, le réalisateur arrive à changer de plan immédiatement après la fin d'une UCT (*cf.* la transcription en appendice, lignes 65 et 122). Il nous montre par ce comportement que de telles opérations lui sont en fait possibles. Mais on ne peut pas savoir si celles-ci résultent ou non d'une anticipation sur la fin de l'UCT, ce qui se traduirait dans l'émission, à cause d'un petit délai, par des changements de plan juste après la fin de l'UCT. Quoi qu'il en soit, ce délai ne doit pas être très important, ce que nous montrerait l'exemple (5), ligne 63, si l'on excluait hypothétiquement la possibilité que le changement soit déjà projeté pour d'autres raisons. A cet endroit, FN s'autosélectionne comme prochain locuteur, et le réalisateur arrive à le mettre à l'antenne après seulement deux syllabes, délai dans lequel doit être compris également le temps de réaction du réalisateur.

Reste à savoir ce qu'il accomplit par cet emplacement particulier par rapport à celui des autres catégories déjà évoquées. Nous proposons qu'une des choses que cet emplacement lui permet de faire est de changer d'image avec un degré de contrôle très élevé. Etant donné que les actions du réalisateur n'influencent pas l'interaction du plateau, mais qu'elles lui sont en quelque sorte «extérieures», cette interaction suit son cours quoi qu'il fasse. Ceci implique que le réalisateur n'a qu'à s'adapter à ce qui se passe sur le plateau s'il veut la médiatiser d'une manière qui sauvegarde son intelligibilité. Contrairement à ce qui est le cas du conversant, qui, lui, anticipe sur une fin d'une UCT pour essayer de prendre la parole, un réalisateur n'aurait rien à gagner en agissant ainsi. Il semble au contraire qu'une telle stratégie soit plutôt risquée, et qu'il procède aux changements d'images seulement après avoir compris qui va continuer l'unité prochaine. Cette orientation lui permet de changer d'images sans trop souvent se tromper sur la «bonne» personne à filmer, et par conséquent d'assurer à l'émission une qualité ordonnée.

Or, cette stratégie n'abolit pourtant pas toujours le besoin de «réparer» le choix d'une image, comme nous pouvons le voir dans l'exemple suivant:

(3) «Bouillon de culture» 000513 [18:00-18:05]

```
104.    BP:   .hh mais quand même
105.    BP:   (.) y a une plainte
106.    BP:   (0.3) y a (.) y a un chagr^{FN*BP}i:n
107. →  FN:   (0.9) ^{BP*FN} y::::: a un chagri:n=
```

Au début de l'extrait, l'image mise à l'antenne est un gros plan de FN. BP soutient qu'il y a une plainte dans le livre de l'écrivain, et continue par développer cette affirmation. Peu après l'initiation de cette continuation, le réalisateur commence à transmettre un gros plan de l'animateur (ligne 106). Quasiment au même instant, celui-ci termine toutefois son élaboration, alors qu'il aurait pu la développer beaucoup plus par le rajout d'une phrase relative. La non-occurrence d'un tel rajout mène le réalisateur – qui filme maintenant l'animateur attendant que son invité réagisse, alors qu'il s'était peut-être attendu à ce que l'animateur continue à parler plus longtemps – à changer de plan vers FN l'instant après (ligne 107). Cette réparation rend visibles, non seulement la «faute» qu'il vient de commettre[15], mais aussi le fait qu'en ce moment, le réalisateur s'oriente vers une médiatisation de celui qui parle. Cette observation nous mène directement à la section suivante.

---

[15] C'est en fait la réparation qui définit rétrospectivement la faute, ou le «réparable» (Schegloff et al. 1977). Sans réparation, il est impossible de parler d'une faute, au moins comme objet social. La qualité fautive d'une action n'est pas une qualité objective qui existerait indépendemment des interactants, mais elle est construite par le fait que quelqu'un traite cette action comme fautive. Le réalisateur s'orientant vers la production d'une émission bien construite peut évidemment choisir de ne pas réparer un changement de plan qu'il considère comme fautive, ainsi donnant l'impression que «tout se passe normalement».

3.2 Les tours de parole

Très souvent, le réalisateur s'efforce nettement de filmer celui qui a le tour. Le fait qu'il réussisse souvent à le faire nous montre qu'il maîtrise bien cette partie des compétences ordinaires: l'aspect temporel des changements des plans indique qu'il est sensible à bien des aspects du système des tours tel qu'il a été décrit dans l'article fondateur de Sacks *et al.* (1974), ainsi qu'à certains phénomènes liés au fonctionnement de ce système ayant fait l'objet de recherches ultérieures (*cf.* p. ex. Schegloff 1982 et Goodwin 1986).

Pour commencer, la catégorie de «locuteur sélectionné» est visiblement pertinente pour le réalisateur à bien des endroits. Voir l'exemple (4):

(4)   «Bouillon de culture» 000513 [16:18-16:27]

```
     27.       BP:    .hhh les voie:s dé*bit pressées de chasse aux mots
     28.       BP:    .hhh °écoute:z°
     29.  →    BP:    (0.1) FN*BP (0.7) superbe
     30.  →    FN:    (0.2) BP*FN (0.4) °oui c'est p(h)as m(h)al(h)°
     31.       BP:    (0.2) ouais c'est pas mal hei:[ : n]
     32.       FN:                                  [(h)i]FN*BP c'[e(h)st p(h)asm](h)al
     33.  →    BP:                                                [convenez-  e:n]
     34.  →    FN:    (0.2) BP*FN (0.8) c'e::st ma::is
```

Après avoir terminé la lecture d'un passage du livre écrit par son invité, BP passe à une évaluation très positive de ce passage (ligne 29). Il termine cette évaluation en se croisant les bras et en regardant l'écrivain fixément, indiquant ainsi avec emphase qu'il a terminé son tour et qu'il attend maintenant la réaction de l'écrivain. Ceci équivaut bien évidemment à une sélection de ce dernier comme prochain locuteur, chose que le réalisateur comprend également, puisque peu après, il procède à un changement de plan qui a lieu avant même que FN n'ait commencé à parler (ligne 30). Et quelques instants plus tard, nous trouvons encore un exemple de ce cas de figure (lignes 33-34).[16]

Le réalisateur s'oriente également vers la catégorie de «locuteur auto-sélectionné», comme on peut le voir dans l'exemple (5):

---

[16] Il est vrai que le réalisateur a à sa disposition également les images des caméras dont les images ne sont pas mises à l'antenne, et auxquelles nous en tant que chercheur n'avons par conséquent pas accès. On ne peut donc pas exclure la possibilité que FN fasse quelque chose au niveau gestuel avant d'avoir été mis à l'antenne qui témoigne de son intention de prendre le tour.

(5)   «Bouillon de culture» 000513 [17:00-17:09]
    58.   BP: =mais là (.) là (.) là=
    59.   BP: =c'est c'est c'e::st~une sorte d'auto-flagellation
    60.   BP: (0.2) e^{BP*FN}t MEME dans l'auto-fla- (0.2) flagellation
    61.   BP: .hh vous se^{FN*BP}mblez j:ubiler
    62.   BP: [.h h h]
    63. → FN::   [ah ben] ^{BP*FN} surtout là::
    64. → FN: (0.1) s [urtout là]
    65. → BP.   [a:h oui   sur]tout là: [:]^{FN*BP}
    66.   FN: [°ha°] (.) [°°ha°°]
    67.   BP: [alors]

Aux lignes 62 et 63, alors que BP parle avec beaucoup de verve et gesticule beaucoup – ce que nous comprenons comme s'il avait projeté de continuer son tour pour au moins une UCT de plus – FN prend le tour en s'auto-sélectionnant et insère une petite précision par rapport à ce que BP vient de dire. Peu après l'initiation de cette précision, le réalisateur abandonne l'image de BP, et met à la place FN à l'antenne.

Ce même exemple peut aussi illustrer la notion de «chevauchement compétitif». Tant que les deux interlocuteurs parlent tous les deux en même temps (lignes 64-65), le réalisateur ne procède pas à un nouveau changement de plan. C'est que la question de savoir qui a le tour en ce moment n'est pas résolue, ni pour les participants, ni pour le réalisateur. Ce n'est qu'après qu'un des deux participants est apparu comme seul locuteur que cette question est effectivement résolue, ce qui pourrait expliquer pourquoi le changement d'image a lieu peu après cet événement.

Le réalisateur sait aussi distinguer, dans l'interaction du plateau, les tours des non-tours, dont une catégorie est ce qu'on appelle des «continuateurs» (Schegloff 1982). Il exploite cette compétence dans son travail pour médiatiser les tours de préférence aux non-tours, comme dans(6):

(6)   «Bouillon de culture» 000513 [16:33-16:40]
    39.   FN: (0.3) je pourrais toujours tout ramener à cela
    40.   FN: (0.6) ceci au service de ce+la
    41.   FN: le travail au service de
    42. → BP: (0.2) °ouais°
    43.   FN: (0.1) de:: de de de la langue et de:

Dans cet exemple, le «°ouais°» de BP à la ligne 42 ne donne lieu à aucun changement d'image, fait indiquant que le réalisateur le comprend comme une action qui ne cherche pas à occuper le tour. A l'instar de l'animateur, le réalisateur traite le tour de FN comme n'étant pas encore terminé.

Ces derniers exemples nous indiquent qu'en accomplissant la mise en images d'une interaction, le réalisateur a confiance dans le bon déroulement du système pour la distribution de la parole, système vers lequel s'orientent les participants en interagissant. Le réalisateur s'oriente donc également vers ce système, mais l'utilise pour faire autre chose que les participants eux-mêmes: alors que ces derniers se distribuent la parole, le réalisateur change ou non d'image selon les catégories de participants qui sont pertinentes au cours de l'interaction.

3.3 La situation

Ce que l'on a l'habitude d'appeler «situation» ou «contexte» social est ici vu comme ne pouvant pas exister indépendemment des participants, mais comme étant produit – et, en temps réel, soit maintenu ou modifié – par les participants eux-mêmes (*cf.* p. ex. Duranti et Goodwin 1992).[17] Dans l'extrait analysé ici, BP et FN accomplissent de toute évidence une situation catégorisable comme une «interview», par la production de certaines actions qui sont réparties de manière inégale entre eux. BP pose des questions, fait avancer la discussion, change de sujet etc., alors que FN répond et réagit aux initiatives de BP (*cf.* Drew et Heritage 1992).

Une partie des actions constitutives de la catégorie situationnelle «interview télévisée» existe donc indépendemment du réalisateur, qui a pour tâche de la médiatiser à la télévision, de participer à la constitution de cette situation au niveau de l'émission. Le réalisateur a à sa disposition des ressources pour médiatiser cette situation justement dans sa qualité d'interview. Premièrement, la manière dont les plans sont conçus indique une inégalité quant à la question de savoir lequel des deux interlocuteurs est présenté comme étant au centre de l'attention: alors qu'ils peuvent tous les deux faire l'objet de gros plans, le gros plan sur FN qui revient fréquemment est plus serré que celui sur BP; et s'il y a parfois des plans montrant FN d'un peu plus loin, de sorte que l'on puisse également voir BP de dos, il n'y a pas de plan correspondant sur BP, c'est-à-dire pris du côté de FN. Ainsi, la présentation en images de cette interaction focalise plus intensément sur la personne de FN, et, quand les deux sont visibles à la fois, le téléspectateur se trouve plutôt du côté de l'intervieweur s'intéressant à son interviewé.

Deuxièmement, le réalisateur fait preuve d'une préférence très nette pour médiatiser la présence et les actions de l'interviewé. Cette tendance est d'abord visible dans le fait que FN peut être mis à l'antenne, qu'il ait le tour ou non, alors que BP ne l'est que s'il a le tour. Elle est également visible quand on compare l'attitude du réalisateur lorsqu'il transmet les actions auto-sélectionnées par FN et lorsqu'il transmet celles produites par BP (*cf.* p. ex. nos exemples (2), ligne 63 et (4), ligne 31). Et, lors des moments de chevauchement, le réalisateur reste sur FN jusqu'à la fin de l'UCT qu'il a initiée, comme dans (5) déjà cité, ligne 64, et à la ligne 100 de l'exemple suivant, (7):

---

[17] En effet, ne pas adopter une telle position équivaudrait à s'aligner à «a 'bucket' theory of context», selon laquelle les situations sont vues comme des «contenants», existant antérieurement à l'activité des participants, et déterminant la nature de cette activité (*cf.* Drew et Heritage 1992: 18-19).

(7)   «Bouillon de culture» 000513 [17:53-17:59]

    96.   BP: (0.7) mais si:: vous ^{FN*BP} vous plaigne:z=
    97.   BP: =quand même on va voir ça:
    98.   BP: (.) si [: si : :]
    99.   FN: [n::o:n y] a pas y a pas y a=
    100. → FN: =°(h)(h)° il y a=
                      =p [as ^{BP*FN} de+ plai:nte dans ce:s (non y a pas beaucoup)]
    101.   BP: [si s^{BP*FN}i: : : be:n mais non attendez vous]
                      vous plaig^{FN*BP}nez avec éléga:nce=

Dans les exemples (5) et (7), le réalisateur suit donc l'unité de l'interviewé jusqu'au bout, plutôt que de commencer à surveiller l'action faite par l'intervieweur, et le changement n'a donc lieu qu'après que l'interviewé a arrêté de parler. Le réalisateur semble donc privilégier les actions de l'interviewé.

3.4 L'auteur des paroles

Dans l'extrait de l'émission analysé, l'animateur cite deux fois des passages du livre de l'invité. Ceci implique que celui qui prononce les paroles, BP, n'est pas celui qui en est l'auteur, FN.[18] D'après la mise en images de ces passages, cette catégorisation semble en fait pertinente pour le réalisateur, qui, par sa manière d'alterner entre l'animateur et son invité, participe à la constitution de ce dispositif au niveau du produit télévisé.

Alors qu'il filme normalement celui qui a le tour, le réalisateur met très souvent également à l'antenne, lors des passages de citation, celui qui écoute. Il crée ainsi une structure de plans très différente: en fait, FN est vu plus longtemps que BP (*cf.* les lignes 15-27 et 68-90 dans l'appendice).

Il peut aussi être intéressant de noter que les clôtures des deux passages cités coïncident avec des gros plans sur FN: les exemples (8) et (9):

(8)   «Bouillon de culture» 000513 [16:16-16:22]

    26.   BP: .hhh de la s^{FN*BP}oie sauvage sur de l'os
    27. → BP: .hhh les voie:s dé^{BP*FN}bit pressées de chasse aux mots
    28.   BP: .hhh °écoute:z°
    29.   BP: (0.1) ^{FN*BP} (0.7) superbe

(9)   «Bouillon de culture» 000513 [17:41-17:48]

    89.   BP: .hh un miroir me jette à la gueule mon ima^{FN*BP}:ge
    90. → BP: .hh et j'abonde aussitôt dans le sens de+^{BP*FN}: .hh mes ju::ges
    91.   BP: .hhh alors ^{FN*BP}
    92.   BP: (0.2) quand on est ca:pable d'écrire comme ce+la

Ce dispositif met FN, et non pas BP, en relation avec l'achèvement du passage cité. Et le téléspectateur employant ses ressources de compréhension «ordinaires» (*cf.* Jayyusi 1988), est susceptible d'arriver à établir un lien entre, d'une part, les paroles

---

[18] Voir Goffman (1981, chapitre 3 intitulé «Footing») sur le thème de la scission du sujet parlant.

qu'il entend et, d'autre part, la personne dont il voit le visage, ce qui aboutirait à la conclusion que FN est en quelque sorte responsable des paroles lues.

3.5 L'argumentation

Bien que nous travaillions sur nos données exclusivement dans une perspective interactionnelle, nous reconnaissons comme parfaitement légitimes et intéressantes d'autres approches d'analyse du discours. Dans sa contribution à ce volume, et se servant des mêmes données que nous pour l'étude présentée ici, Coco Norén s'intéresse à la structure argumentative du discours (*cf.* aussi Norén 1999), phénomène difficilement descriptible exclusivement à partir des outils propres à l'AC. Sans chercher à démontrer son analyse en faisant référence au comportement interactif des participants, elle a catégorisé les différentes actions constituant cette séquence en des termes argumentatifs tels que «conclusion», «argument», «objection» etc.

Pour la présente étude, c'est la catégorie de «conclusion» qui semble la plus intéressante, puisque nous avons en fait pu observer une corrélation entre, d'une part, les cinq fois qu'une action a été catégorisée comme telle par Norén (ici-même), d'autre part, un type particulier de changement de plan. Nous n'en montrerons que deux exemples ici – tous les deux inclus dans (10) –, les autres occurrences de ce cas de figure se trouvant dans l'appendice (conclusions et changements de plan aux lignes 5-6, 29-30 et 93-94).

(10)   «Bouillon de culture» 000513 [17:00-17:07]

58.	BP:	=mais là (.) là (.) là=
59.	BP:	=c'est c'est c'e::st~une sorte d'auto-flagellation
60. →	BP:	(0.2) e^{BP*FN}t MEME dans l'auto-fla- (0.2) flagellation
61.	BP:	.hh vous se^{FN*BP}mblez j:ubiler
62.	BP:	[.h h h]
63. →	FN:	[ah ben] ^{BP*FN} surtout là::

Il se trouve que les cinq fois, c'est l'animateur qui produit quelque chose qui a été catégorisé par Norén comme une conclusion. Peu après, et dans tous ces cas également, le réalisateur change d'image pour commencer à transmettre un gros plan de l'invité, ce qui permet aux téléspectateurs de voir comment ce dernier se comporte suite à la conclusion qui vient d'être produite (*cf.* Lochard et Soulages 1991: 157). Ces changements de plan pourraient bien être des indices interactionnels du fait que le réalisateur s'oriente vers certaines actions du dialogue pour leur qualité argumentative, et qu'il travaille pour médiatiser cette qualité de l'interaction.[19]

---

[19] La corrélation décrite devient d'autant plus intéressante si l'on tient compte du fait que Norén n'avait pas encore vu l'enregistrement vidéo au moment où elle a fait sa première catégorisation argumentative préliminaire, ce qui veut dire qu'elle n'avait pas encore accès aux endroits où les changements de plan se sont produits. A partir du son de l'émission, elle a analysé le dialogue en des termes argumentatifs, et elle a accompli cette tâche – tout comme le réalisateur le fait pour accomplir la sienne – en ayant recours à sa compétence de membre pour comprendre les actions des participants.

4. Conclusions

Pour conclure, nous croyons pouvoir constater que la mise en images entreprise par le réalisateur étudié ici ne s'effectue pas toujours selon une même logique. Il ne semble donc pas possible d'arriver à une description statique qui rende compte de la totalité des données, qu'il s'agisse de changements de plans ou de cadrages. C'est que, de toute évidence, le réalisateur est sensible à la dynamique de l'interaction du plateau, et il se sert de cette sensibilité pour l'accomplissement de la tâche qui est la sienne, à savoir de médiatiser cette interaction en en mettant des parties bien choisies à l'antenne. Ceci implique que, si on veut être capable de décrire les données observables, il faut nécessairement prendre en compte cette dynamique. A un tel moment, tout dans une interaction ne semble pas pertinent pour le réalisateur en train de la médiatiser, mais il semble plutôt que c'est une partie seulement de tout ce que l'on peut voir et entendre qui a été à la base d'un tel changement.

Les changements effectivement produits donnent au chercheur quelques indications concernant ce que le réalisateur traite comme pertinent au moment de les effectuer. Dans les pages précédentes, nous avons fourni des indices du fait qu'il s'oriente vers des tâches et des traits interactionnels aussi divers que la production d'émission bien construite, la gestion des tours de parole, le type de situation construit dans l'interaction, l'auteur des paroles produites ainsi que vers la structure argumentative du discours. Cette liste hétéroclite n'est sans aucun doute pas close, et un corpus plus large permettrait certainement d'améliorer et de compléter la description. Dans Broth (2002b), il a par exemple pu être constaté que le réalisateur s'oriente plutôt vers l'organisation du regard entre les participants du plateau pour l'accomplissement de la fin d'une émission.[20]

Finalement, nous aimerions souligner que, pour approfondir l'analyse du travail de la réalisation entamée ici, il faudrait avoir accès à des enregistrements du réalisateur et de son équipe au travail. Ce n'est qu'à partir de telles données que l'on peut espérer avoir une image plus complète et plus juste du travail collectif qu'est la médiatisation d'une interaction.[21]

---

[20] En fait, ces traits ne s'excluent pas forcément les uns les autres, ce qui peut donner lieu à une multiplication de traits différents au même moment. Bien entendu, lors de tels cas de figure, il n'est pas possible de trancher analytiquement pour savoir quel trait «l'emporterait» à un moment donné dans la compréhension du réalisateur. Or, comme il est loin d'être sûr qu'un seul trait à la fois puisse être pertinent pour le réalisateur au travail, cette multiplication de traits ne doit pas être vue comme un problème.

[21] Depuis la rédaction de ce texte, nous avons effectué une série d'enregistrements en régie montrant notamment l'interaction entre le réalisateur et les cadreurs (voir Broth à paraître a et b pour des publications à partir de ces données).

Références bibliographiques

Bonu, B., 1999, «Entre image et parole: le regard dans la narration et l'interaction à la télévision», *in* Desgoutte, J.P. (éd), *La mise en scène du discours audiovisuel*, Paris, L'Harmattan, p. 67-87.

Broth, M., (2002a), *Agents secrets. Le public dans la construction interactive de la représentation théâtrale*, Uppsala, Acta Universitatis Upsaliensis.

Broth, M., (2002b), «La clôture interactionnelle d'une émission télévisée», *in* Actes du XVème Congrès des romanistes Scandinaves, tenu à Oslo le 12-17 août 2002.

Broth, M., (à paraître a), «Om samtalsgrammatik och produktion av en direktsänd TV-intervju», *in Minnesskrift till Mats Eriksson*, Uppsala.

Broth, M. (à paraître b), «Analyse de l'interaction à la télévision», *Moderna Språk* 2003: 2.

Drew, P. et Heritage, J. (éds), 1992, *Talk at Work*, Cambridge, CUP.

Du Bois, J., Schuetze-Coburn, S., Cumming, S. et Paolino, D., 1992, *Discourse Transcription*, Dept. of Linguistics, UCSB.

Duranti, A. et Goodwin, C. (éds), 1992, *Rethinking Context. Language as an interactive phenomenon*, Cambridge, CUP.

Garfinkel, H., 1967, *Studies in Ethnomethodoloqy*, Englewood Cliffs, New Jersey, Prentice-Hall.

Goffman, E., 1981, *Forms of Talk*, Oxford, Basil Blackwell.

Goodwin, C., 1986, «Between and within: Alternative sequential treatments of continuers and assessments», *Human Studies* 9: 2-3, p. 205-218.

Jayyusi, L., 1988, «Toward a socio-logic of the film text», *Semiotica* 68, p. 271-296.

Jules-Rosette, 1985, «Entretien avec Harold Garfinkel», *Sociétés* 5:1, p. 35-39.

Louchard, G., et Soulages, J-C., 1991, «L'image. Faire voir la parole», *in* Charaudeau, P. (éd), *La Télévision. Les débats culturels «Apostrophes»*, Paris, Didier érudition, p. 141-167.

Mondada, L., 2001, «Pour une linguistique interactionnelle», *Marges Linguistiques* 1 (Mai 2001), http://www.marges-linguistiques.com.

Norén, C., 1999. *Reformulation et conversation. De la sémantique du topos aux fonctions interactionnelles.* Uppsala, Acta Universitatis Upsaliensis.

Norén, C., (ici-même), «Le Discours Ecrit Représenté à l'Oral comme stratégie argumentative».

Relieu, M., 1999, «La réalisation et la réception du produit télévisuel comme accomplissements», *in* Desgoutte, J.P. (éd), *La mise en scène du discours audiovisuel*, Paris, L'Harmattan, p. 35-65.

Sacks, H., Schegloff E.A., et Jefferson G., 1974, «A Simplest Systematics for the Organization of Turn Taking for Conversation», *Language* 50: 4, p. 696-735.

Schegloff, E.A., 1982, «Discourse as an interactional achievement: some uses of 'uh huh' and other things that come between sentences» *in* Tannen, D. (éd), *Georgetown University Roundtable on Languages and Linguistics*, Washington DC, Georgetown University Press, p. 71-93.

Schegloff, E.A., Jefferson, G. et Sacks, H., 1977, «The preference for self-correction in the organization of repair in conversation», *Language* 53: 2, p. 361-382.

Appendice: Symboles utilisés et transcription de l'extrait analysé

Symboles employés dans la transcription

*	changement de prise de vue
NP*NP	initiales de celui qui est filmé avant et après le *
.hh	inspiration, chaque «h» équivaut à 0.1 seconde
(h)	expiration, p. ex. syllabe de rire
+	prononciation d'un e-instable
~	liaison
=	enchaînement lié
:	allongement
(.)	«micro-silence», plus court que 0.1 seconde
(2.2)	silence mesuré en secondes
[mots] [mots]	chevauchement
(mots)	transcription incertaine
°mots°	faiblement
°°mots°°	très faiblement
MOTS	fortement
>mots<	plus rapidement

«Bouillon de culture» 000513 [15:41 – 18:25]

1. BP: (0.3) °ouais° .hhh mais .h* e:t (.) et Miss Pe:
2. BP: (0.5) pardo::n=
3. BP: =mais elle (ne) vous empêche pas d'écri:re
4. BP: (0.3) avec plaisir
5. BP: avec jubilation
6. BP: (0.2) perme*ttez-moi de lire ceci
7. BP: .hh alors là
8. BP: .hh vous êtes eu:h=
9. BP: =vous parlez de: certaines personnes de votre+ (euh) jeun*esse
10. BP: .hhh et qui appartenaient au beau mo:nde=

11.	BP:	=que+ vous fréquentiez=
12.	BP:	=et puis qui vous * aga:ce
13.	BP:	(.) alors vous écrivez ceci
14.	BP:	.hhhh °°ouais * ouais°° (0.5) vraiment j- j'aime ça=
15.	BP:	=les arômes ch:au:ds=
16.	BP:	=et croustilleux du gratin
17.	BP:	=au lieu de me flatter me tordaient le nez
18.	BP:	.hhh je me: (0.2) sentais près de lacher des niaise*ries=
19.	BP:	=que je n'eusse pas pardonné aux aut'
20.	BP:	.hhh a::h ces gens-là sont infréquentables=
21.	BP:	=et regardez-les
22.	BP:	.hhh la laine près du co::rps
23.	BP:	.hh le moulant italien=
24.	BP:	=l'épaule* londonien=
25.	BP:	=et les fe:mmes des (cein*tres) des guillemets jamais refermés
26.	BP:	.hhh de la s*oie sauvage sur de l'os
27.	BP:	.hhh les voie:s dé*bit pressées de chasse aux mots
28.	BP:	.hhh °écoute:z°
29.	BP:	(0.1)*(0.7) superbe
30.	FN:	(0.2)*(0.4) °oui c'est p(h)as m(h)al(h)°
31.	BP:	(0.2) ouais c'est pas mal hei: [: n]
32.	FN:	[(h)i]* c'[e(h)st p(h)as m](h)al
33.	BP:	[convenez- e:n]
34.	FN:	(0.2)*(0.8) c'e::st ma::is
35.	FN:	(0.2) °(gorge)° (0.5) vous (avez)
36.	FN:	eu:::::h il y a le mot li:vre+
37.	FN:	(0.3) y a le mot littérature
38.	FN:	(0.4) et y a le mot travail
39.	FN:	(0.3) je pourrais toujours tout ramener à cela
40.	FN:	(0.6) ceci au service de ce+la
41.	FN:	le travail au service de
42.	BP:	(0.2) °ouais°
43.	FN:	(0.1) de:: de de de la langue et de:
44.	FN:	(0.6) eu::::h soy- soyons=
45.	FN:	=j'ai plus grand-chose=
46.	FN:	=eu::::h dans mon
47.	FN:	(0.4) dans ma gibeciè:re
48.	FN:	(0.4)j'ai encore la possibilité
49.	FN:	(0.4) de:: (1.2) ne lacher un tex(te+)=
50.	FN:	=quand je le crois
51.	FN:	(0.2) arrivé à un-
52.	FN:	(0.3) un certain degré
53.	FN:	(0.9) disons de qualité
54.	BP:	(0.7) *mais
55.	BP:	.hhh >écoutez<
56.	BP:	(0.4) eu::h (0.3) euh (.) je+ lis c- (.) alo-
57.	BP:	(0.1) (mwlè) (.) là: c'était vous racontiez=
58.	BP:	=mais là (.) là (.) là=

```
59.   BP:    =c'est c'est c'e::st~une sorte d'auto-flagellation
60.   BP:    (0.2) e*t MEME dans l'auto-fla- (0.2) flagellation
61.   BP:    .hh vous se*mblez j:ubiler
62.   BP:    [.h h h ]
63.   FN:    [ah ben]* surtout là::
64.   FN:    (0.1) s [urtout  là ]
65.   BP:           [a:h oui sur]tout là:[  :  ] *
66.   FN:                                [°ha°] (.) [°°ha°°]
67.   BP:                                            [ alors ]
68.   BP:    .hhh depuis que je me dégoûte=
69.   BP:    =je dégoû*te aussi les aut(res)=
70.   BP:    =naguère je vivais dans l'illusion=
71.   BP:    =plutôt niaise d'être sinon aimé
72.   BP:    .hh au moins considéré comme un élément familier du dé*cor
73.   BP:    (.) toléré: (.) °mieux°
74.   BP:    .hhhh en situat*ion de complicité=
75.   BP:    =avec les gens que j'estimais
76.   BP:    .hhh du jour où mon apparence physique a commencé de me faire horreu:r
77.   BP:    .hhh il m'a semblé
78.   BP:    .hh être entouré de suspicion=
79.   BP:    =je s*ens autour de moi comme des odeu:rs
80.   BP:    .hhh l'indif*férence
81.   BP:    .hh la moquerie le sarcasme
82.   BP:    .hhh quelqu'un se (mèle)-t-il de me dire ou* de m'écrire une douceu:r
83.   BP:    je doute immédiatement=
84.   BP:    =non pas de sa sincérité
85.   BP:    .hh mais de son jug*eme:nt
86.   BP:    .hhh j'en viens à me méfier de qui ne me méprise pas
87.   BP:    .hhh tentais-je de me repre::ndre
88.   BP:    .hh de+ remonter dans ma propre estime+
89.   BP:    .hh un miroir me jette à la gueule mon ima*:ge
90.   BP:    .hh et j'abonde aussitôt dans le sens de+*: .hh mes ju::ges
91.   BP:    .hhh alors *
92.   BP:    (0.2) quand on est ca:pable d'écrire comme ce+la
93.   BP:    (0.4) on ne se plaint pa::s
94.   FN:    (0.6)*(1.2) je ne me plains pas=
95.   FN:    =j'fais (le) li:vre
96.   BP:    (0.7) mais si:: vous* vous plaigne:z=
97.   BP:    =quand même on va voir ça:
98.   BP:    (.) si  [ : si : : ]
99.   FN:           [n::o:n y] a pas y a pas y a=
100.  FN:    =°(h)(h)° il y a p [as de+ plai:nte dans ce:s (non y a pas beaucoup)]
101.  BP:                       [si s*i: : :  be:n mais non attendez vous  ] vous
                                plaig*nez avec éléga:nce=
102.  BP:    =avec brio=
103.  BP:    =avec pan*ache
104.  BP:    .hh mais quand même
105.  BP:    (.) y a une plainte
```

106. BP: (0.3) y a (.) y a un chagr*i:n
107. FN: (0.9) *y::::: a un chagri:n=
108. FN: =c'e::st c'est pas venu:
109. FN: =c'est pas venu comme j'attendai:s=
110. FN: =c'est pas venu comme je craignai:s=
111. FN: =c'est pas venu comme j'espérai:s
112. FN: .hhhhh mai:s mais c'est là:
113. FN: (0.5) alors c'est vrai=
114. FN: =que+::::::::::: y a: y a le chagrin de:
115. FN: .hhh de: de >de de< la fin de*s cho::ses=
116. FN: =et [y a : :]
117. BP: [>°bien<] sû::r°
118. FN: (0.4) eu::::h mai:s
119. FN: (0.5) tant que je pourrais m'accrocher
120. FN: (1.4) à mes (.) à (.) aux mo:ts
121. FN: (1.0) °°eu:::h°° je:: je survivrai
122. BP: (0.1)* mais (0.1) alors (.) les mo::ts
123. BP: (0.1) parlons-e::n

Notes

* La recherche présentée dans ce texte s'inscrit dans un projet intitulé «Le français parlé des médias», financé par le Conseil de Recherche suédois, et dont les autres membres sont Mats Forsgren et Coco Norén (voir, pour une présentation du projet, la contribution de Norén à ce volume). Nous tenons par ailleurs à remercier Michel Hermant pour les informations qu'il a bien voulu nous fournir quant à la production des émissions de «Bouillon de culture» qu'il a réalisées. Nous remercions également Catherine Kerbrat-Orecchioni pour ses commentaires constructifs, et Olivier Milhaud et Mats Forsgren pour les corrections de langue qu'ils ont apportées à ce texte.

La spécificité de la métaphore journalistique

Gunilla von Malmborg

La plupart des linguistes qui se sont penchés sur les caractéristiques de la métaphore semblent d'accord sur un principe de base : il y a incompatibilité sémantique entre le terme métaphorique et son contexte, dont il se démarque. Kleiber (1999 c, p. 102) parle de « *déviance* » *sémantique* et définit cette déviance comme « une transgression de l'usage ordinaire des termes et combinaisons, en somme un 'délit littéral' ». C'est un critère qui vaut pour toutes les métaphores, depuis les métaphores d'énonciation[1] jusqu'aux métaphores de convention, puisque la déviance concerne la catégorisation : la métaphore se met à la place d'une occurrence qui, en usage littéral, ne fait pas partie de sa catégorie.

Deux facteurs sont donc en œuvre quand nous détectons une métaphore, la partie déviante et le contexte d'où elle se démarque. À l'instar de Villard (1984, p. 51), j'appellerai la partie déviante *terme métaphorisant*. Si le terme métaphorisant se lie syntaxiquement à un syntagme qu'il métaphorise, celui-ci est appelé, toujours avec la terminologie de Villard, *terme métaphorisé*. À ce sujet, je ne retiens qu'un seul exemple :

(1) Depuis, *Olivier Schrameck* [terme métaphorisé] fait tourner la lourde machine de Matignon. « *Il* est [...] **la véritable tour de contrôle** [terme métaphorisant] de la maison », note Manuel Valls. (*L'Express* 19.2.98, p. 34- 36)

Dans l'exemple (1), *il*, anaphore de *Olivier Schrameck*, est joint au terme métaphorisant par la copule. Les métaphores où il n'existe pas de jonction syntaxique entre les deux termes et les métaphores, où seul le contexte du terme métaphorisant signale sa métaphoricité sont appelées métaphores *pragmatiques*, étant donné que la syntaxe, et dans bien des cas la sémantique, ne nous aide pas à interpréter leur message métaphorique, mais seul le contexte où elles s'insèrent.

Dans ma recherche, je veux montrer qu'il y a un langage métaphorique propre au genre journalistique. Mon corpus est constitué de quatre rubriques prises dans le quotidien *Le Monde*, et l'hebdomadaire *L'Express*. Les rubriques analysées sont

---

[1] J'emprunte ce terme à Villard (1984, p. 35) pour indiquer une métaphore originale, non usée.

Culture, Économie, Politique extérieure et *Politique intérieure*. Le corpus est informatisé et se trouve à l'Université de Stockholm sous le nom de COSTO, COrpus STOckholm. Il y a en effet deux corpus de 26 livraisons chacun. Le premier date de 1987 - 88, et COSTO2, d'où le corpus a été tiré, date de 1997 - 98. C'est donc un corpus de textes récents, renfermant un peu plus d'un million de mots.

J'ai limité ma recherche à l'étude des métaphores de trois champs génériques. Le premier a trait aux déplacements et aux transports, le deuxième aux maladies et à la santé. Dans ce groupe, sont aussi inclus les termes métaphorisants *naître/naissance* et *mort/mourir*. Le troisième groupe traite des phénomènes naturels et de la météorologie. Le matériau a produit environ 750 occurrences de métaphores dans *Le Monde* et un peu plus de mille dans *L'Express*. Elles ont été créées à l'aide de 350 termes métaphorisants types environ. Ces termes métaphorisants types se distribuent d'une manière relativement égale sur les trois champs génériques, avec un nombre un peu plus grand pour le champ générique *Médecine*. Afin de pouvoir discerner ce qui est propre au langage métaphorique journalistique, je me suis aussi servie d'un corpus de 13 romans français contemporains. Ces romans, dont le corpus représente environ 3/4 du corpus journalistique, ont été sélectionnés dans *Frantext*, et les auteurs en sont, en ordre alphabétique, Ajar, Brisac, Charef, Duras, Ernaux, Germain, Guimard, Kristeva, Modiano, Rambaud, Roze, Sarraute, Yourcenar.

Il n'y a pas d'entraves linguistiques pour se servir des mêmes termes métaphorisants dans des œuvres de différents genres, la métaphore ne naissant que lorsque le terme métaphorisant est mis dans un contexte discursif qui lui donne sa métaphoricité, et éventuellement syntaxiquement lié à un terme métaphorisé. Toutefois, le simple survol des termes métaphorisants donne l'impression que certains d'entre eux sont réservés au genre journalistique, tandis que d'autres auraient un champ d'application plus étendu. En vérifiant les exemples où *Le Petit Robert* qualifie les lexies concernées de *Fig.*, il s'avère que de certaines lexies employées fréquemment comme termes métaphorisants dans le corpus, seule la lexie *santé* est limitée par ce dictionnaire, d'une manière explicite, à un domaine spécifique, en l'occurrence celui de l'économie. D'autres termes métaphorisants, tels *gel* et *geler*, sont exemplifiés par des phrases ayant un caractère purement factuel mais sans limitations explicites. Certains termes métaphorisants qu'on jugerait peut-être spontanément comme appartenant au jargon journalistique, en ce qui concerne le champ générique *Déplacements*, entre autres les morphèmes *dériv-, dérap-, feu vert* et *impasse*, sont, certes, illustrés par des exemples factuels, référant parfois au domaine économique, mais aussi, dans quelques cas, par des exemples d'une portée plus générale.

Il y a donc certains indices qui soutiennent l'hypothèse que des termes métaphorisants, qui sont très fréquents dans la prose journalistique, apparaissent moins souvent dans la fiction. Steen (1994), qui essaie, par différents tests empiriques, de saisir ce qui est significatif de la métaphore littéraire, a obtenu des résultats indiquant des différences dans la manière d'appréhender des métaphores. Un des tests montre qu'une partie des métaphores journalistiques sont appréhendées comme conventionnelles, « sérieuses et formelles » en comparaison des métaphores littéraires (p. 195-196).[2] Les résultats de Steen pourraient indiquer que les termes métaphorisants très fréquents dans le corpus journalistique sont nombreux dans les textes littéraires aussi mais insérés dans des cadres syntaxiques différents et – surtout – assortis d'autres termes métaphorisés.

Afin d'effectuer une comparaison avec les romans, trois groupes de termes métaphorisants ont été sélectionnés. Le premier est constitué des termes métaphorisants ayant dix occurrences ou plus dans l'un des deux journaux. Il renferme 21 termes métaphorisants types, dont 5 seulement proviennent du champ générique *Médecine*. La deuxième tranche renferme les termes métaphorisants ayant entre 5 et 9 occurrences dans *Le Monde* ou *L'Express*. Elle compte 41 termes métaphorisants, parmi lesquels le champ générique *Phénomènes naturels* prédomine avec 19 types. Le troisième groupe est constitué par les locutions métaphoriques dégagées du corpus.

Voici deux tableaux montrant les deux tranches de termes métaphorisants et leur fréquence dans les romans. Les tableaux indiquent aussi le nombre total de ces termes métaphorisants dans les romans, *Le Monde* et *L'Express* et le nombre moyen de mots qu'il faut parcourir avant d'en rencontrer un.

T.m-ant	mourir/mort	naître	vague	ombre	chemin	voyage	vent
Occur.	50	25	20	17	16	10	9
T. m-ant	freiner	geler	climat	racine	impasse	naissance	tempête
Occur.	7	7	7	6	5	3	3
T. m-ant	cap	dérive	feu vert	voir le jour	dérapage	santé	tourmente
	2	2	1	1	1	1	1

Tableau 1 a. Le nombre d'occurrences dans les romans interrogés des termes métaphorisants ayant dix occurrences ou plus dans *Le Monde* ou *L'Express*. Les occurrences sont présentées par ordre décroissant.

---

[2] « [S]ome journalistic metaphors are serious, formal, and earnest, as opposed to the funny, informal, and flippant nature of some literary metaphors ». (Steen 1994, p. 195)

Tableau 1 b. Le nombre total des occurrences des termes métaphorisants du tableau 1 a et le nombre de mots en moyenne parcouru avant de rencontrer un terme métaphorisant.

	Romans	Le Monde + L'Express
Nombre total d'occurrences /Nombre de mots du corpus	194/789 976	605/1 025 858
Nombre de mots en moyenne par t.m-ant	4 972	1 696

Tableau 2 a. Le nombre d'occurrences dans les romans interrogés des termes métaphorisants ayant entre cinq et neuf occurrences dans *Le Monde* ou *L'Express*. Les occurrences sont entrées par ordre décroissant.

T.m-ant	étouffer	s'épanouir	sombrer	déborder	paralyser	aveugle	eau
Occur.	19	15	12	11	11	10	10
T. m-ant	flot	fièvre	fondre	naufrage	embarqer	s'enraciner	gouffre
Occurr.	10	7	6	6	5	5	5
T. m-ant	ciel	horizon	planète	soleil	syndrome	hancipag	pont
Occur.	4	3	3	3	3	2	2
T. m-ant	rafale	sillage	ancrer	galère	paralysie	phare	remède
Cccur.	2	2	1	1	1	1	1
T. m-ant à occur. 0	doper	écueil	éroder	flambée	fracture	frein	itinéraire
"	jungle	mettre au jour	séisme	tonique	train	vitesse	

Tableau 2 b. Le nombre total des occurrences des termes métaphorisants du tableau 2 a et le nombre de mots en moyenne parcouru avant de rencontrer un terme métaphorisant.

	Romans	Le Monde + L'Express
Nombre total d'occurrences /Nombre de mots du corpus	161/789 976	379/025 858
Nombre de mots en moyenne par t.m-ant	4 907	2 707

Les tableaux 1 b et 2 b montrent qu'en moyenne, la fréquence des termes métaphorisants des tableaux 1 a et 2 a est pratiquement doublée ou même plus que doublée dans le corpus journalistique. Dans la première tranche (tableau 1 a), quelques termes métaphorisants ne se retrouvent que chez un seul romancier. Cela arrive aussi dans la deuxième tranche (tableau 2 a), et en plus, un grand nombre de termes métaphorisants manquent dans les romans. Ces termes métaphorisants ont-ils quelque chose en commun ?

En effet, quelques facteurs communs se dégagent : en premier lieu, il y a des termes métaphorisants entrant dans la presse dans une configuration syntaxique stéréotypée, comme pour les noms *phare, vitesse, feu vert* ; *phare* se retrouve toujours en position épithète, comme dans *décision* **phare**. Le terme métaphorisant *vitesse* se produit dans pratiquement tous les exemples relevés dans le syntagme *à deux vitesses*, ce qui décide de son insertion phrastique. Le syntagme *feu vert* a subi, dans son emploi métaphorique, un changement qui en fait une expression figée: on *donne son feu vert* ou bien on *l'obtient*. D'autres termes métaphorisants, comme *dérapage* ou *tempête*, sont, dans la plupart des exemples, suivis par une lexie récurrente; à *dérapage* se joint *budgétaire* dans nombre d'exemples, tandis que les *tempêtes* sont, bien souvent, *boursières* ou *financières*. Il s'agit donc dans bien des cas de ce qu'on peut appeler des régularités lexicales.

Un troisième facteur commun des termes métaphorisants des tableaux 1 a et 2 a est leur distribution dans le corpus journalistique : une grande majorité se retrouve sous la rubrique *Économie*, ce qui implique encore une certaine convention. Cela vaut par exemple pour *tourmente, voir le jour, santé*. Enfin, le caractère répétitif des textes journalistiques motive aussi la récurrence des mêmes termes métaphorisants. C'est dans *Le Monde* que cela s'avère le plus prononcé.

Les locutions, définies par Gross (1996, p. 14) comme un « groupe dont les éléments ne sont pas actualisés individuellement », sont entre deux et trois fois plus fréquentes dans les journaux que dans les romans. Le plus souvent il s'agit de métaphores pragmatiques, et il est difficile d'expliquer leur fréquence élevée par le caractère répétitif des textes. En revanche, on peut y voir d'autres raisons ; elles peuvent être une manière plus concise de dire une chose et d'éviter la répétition, comme dans l'exemple qui suit :

(2) « Normalement, nous insistons sur le fait que nous ne menons pas de politique orientée sur les cours de changes, a indiqué M. Jochimsen. Main-tenant, nous voulons faire prendre conscience que nous **naviguons à vue** en raison de l'affaiblissement du mark ». (*Le Monde* 28.7.97, p. 10)

Dans cet exemple, la locution métaphorique remplace – et se met en antithèse à – la complétive de la phrase précédente. Les locutions métaphoriques servent parfois à résumer une discussion, mais souvent elles sont utilisées à des fins expressives, ludiques ou ironiques, et il arrive même qu'elles soient défigées. Généralement, on peut dire que les métaphores pragmatiques renforcent l'expressivité du discours. Aussi sont-elles plus nombreuses dans *L'Express* que dans *Le Monde*.

Pour ce qui est des termes métaphorisants dont la fréquence est élevée dans le corpus romanesque, les deux termes métaphorisants qui s'y rencontrent le plus souvent sont *mourir/mort* et *naître*. En postulant que *mourir/mort* est une réalisation lexicale du concept *disparaître/cesser d'exister*, on se demande pourquoi ce groupe de termes métaphorisants domine tant sur *naître* dans les textes littéraires, alors que le corpus journalistique laisse transparaître le contraire. C'est aussi le groupe de termes métaphorisants employé par le plus grand nombre d'écrivains. Il s'avère que les occurrences romanesques renferment plus de locutions, comme *la mort dans l'âme*, *mourir de* + substantif, et aussi, surtout, des syntagmes où le couple *mourir/mort* est opposé à *vivre/vivant/vie*, syntagmes qui ne se retrouvent ni dans *Le Monde* ni dans *L'Express*. Quant à *naître*, ce terme métaphorisant se rencontre bien plus fréquemment dans la presse, joint, dans un grand nombre d'exemples, à un terme métaphorisé immatériel[3], collectif, ou même concret. Les exemples relevés dans les romans, par contre, lient *naître* à un substantif abstrait, de façon presque unanime. Il apparaît donc que ce sont d'une part des conventions littéraires, d'autre part le contexte où s'insèrent les termes métaphorisés, qui sont à l'origine de la fréquence divergente de ces deux termes métaphorisants. *Naître* et *vague* – ce dernier troisième en fréquence – montrent aussi que les auteurs peuvent se servir d'un terme métaphorisant conventionnel dans un but stylistique. Kristeva répète le mot *vague* dans un passage pour marquer l'intensité, et Germain emploie *naître* d'une manière incantatoire. Ces deux auteurs

---

[3] La délimitation des substantifs abstraits et concrets étant notoirement difficile à établir (voir par exemple Noailly 1990, p. 45, n. 19), j'ai opté, dans ma recherche, pour une catégorie intermédiaire, appelée *immatérielle*. Deux groupes y sont rangés : les substantifs qui sont perceptibles par nos sens, par exemple *pop music, spectacle, des sons*, et ceux qui sont à ramener à des objets ou à des actions concrets, entre autres *transaction, perquisition, la monnaie unique*.

font voir que l'usage fréquent de certains termes métaphorisants peut être motivé par un choix conscient de style et que les termes métaphorisants conventionnalisés peuvent acquérir, selon le contexte et leur fréquence, une force métaphorique nouvelle.

Si la presse se sert plutôt de locutions métaphoriques pour donner plus d'expressivité aux énoncés, les romans utilisent d'autres moyens stylistiques, qui se superposent aux métaphores, telles l'hyperbole et l'antithèse. L'hyperbole est, par exemple, introduite comme élément culminant dans une construction parataxique. Ce procédé, dont voici un exemple, se rencontre bien plus fréquemment dans le corpus littéraire que dans le corpus journalistique :

(3) Se retrouver dans l'obligation de raccompagner à la fin d'une soirée l'un des convives *le* rendait malade, *le* prenait à la gorge, *l'***étouffait**, *l'*aurait rendu capable de démolir à coups de maillet sa Jaguar qu'on prenait pour un minibus. (Guibert, H. : *À l'ami qui ne m'a pas sauvé la vie*. Paris : Gallimard, 1993, p. 197)

Le terme métaphorisant *étouffait*, dénotant l'extrême désagrément de la personne dont il est question dans l'exemple (3), vient en fin d'une énumération qui serait étrangère au style journalistique, visant la concision et l'économie.

En fin de compte, l'analyse de la présence, dans 13 romans français modernes, de quelques groupes métaphoriques du *Monde* et de *L'Express* a signalé des différences aussi bien au niveau fréquentiel, qu'aux niveaux sémantico-syntaxique et stylistique. Vu que le caractère général des termes métaphorisants étudiés ne limite pas leur usage au genre journalistique, ce résultat n'était pas évident.

Conclusion

En comparant une soixantaine de termes métaphorisants – les plus fréquents – et les locutions métaphoriques relevées d'un corpus journalistique avec un corpus romanesque, j'ai observé que leur fréquence est considérablement plus basse dans les romans que dans les deux journaux examinés. Leur fréquence, plus élevée dans *Le Monde* et *L'Express*, semble être liée à des régularités syntaxiques et lexicales, régularités qui ne sont pas en jeu dans les romans. Les locutions métaphoriques dégagées dans *Le Monde* et *L'Express* sont peu présentes dans les romans mais remplissent diverses fonctions dans les journaux. Elles permettent d'éviter les répétitions et de résumer des discussions, mais sont aussi utilisées comme un moyen stylistique. En revanche, quelques auteurs utilisent des termes métaphorisants très fréquents à des fins stylistiques qui donnent à ces termes une efficacité métaphorique dont on ne les soupçonnait peut-être pas capables.

Même si les métaphores affichent dans le matériau romanesque certaines jonctions stéréotypées entre terme métaphorisant et terme métaphorisé, ces types de jonctions sont bien plus nombreux dans le corpus journalistique. Plusieurs facteurs se conjuguent pour produire ces tournures stéréotypées, la récurrence des mêmes sujets en étant un, très important. En effet, cette récurrence implique aussi l'utilisation répétée des mêmes termes métaphorisés.

Parallèlement avec la stéréotypisation, on peut observer diverses techniques sémantico-syntaxiques et stylistiques pour faire valoir la métaphore même créée par un terme métaphorisant conventionnalisé. D'une part, ces techniques sont spécifiques au genre romanesque, comme l'hyperbole et l'antithèse, d'autre part, elles se restreignent plutôt au genre journalistique, comme l'utilisation des locutions.

Références bibliographiques :

Gross, G. (1996), *L'expression figée en français. Noms composés et autres locutions*. Paris : Ophrys.

Kleiber, G.(1999 c),. « Une métaphore qui ronronne n'est pas toujours un chat heureux ». *Charbonnel, N. & Kleiber, G. (éd.). La métaphore entre philosophie et rhétorique*. Paris : P.U.F.

Noailly, M. (1990), *Le substantif épithète*. Paris : P.U.F.

Robert, P. 1995. *Le nouveau Petit Robert. Dictionnaire alphabétique et analogique de la langue française*. Paris : Dictionnaires Le Robert.

Steen, G. (1994), *Understanding Metaphor in Literature*. London & New York : Longman.

Villard, M. (1984), *Les universaux métaphoriques*. Berne : Editions Peter Lang.

Le genre des communiqués sur Internet

Jeanne Strunck

1. Introduction

L'Internet qui est devenu un médium important pour la diffusion d'informations de toute sorte s'est aussi montré utile pour la communication externe des entreprises et des organisations. Une partie de la grande quantité d'informations stockées sur le réseau Internet est disponible sur les sites Web des entreprises, qui constituent de nouveaux dispositifs médiatiques pour leurs communications stratégiques. Les sites rendent possible de focaliser la présentation de l'image de l'entreprise, les publicités et les nouvelles selon les choix de l'entreprise.

    Les études de Marco (2002) et de Nielsen (2000) ont montré que parmi les genres de textes présentés sur les sites, les communiqués constituent une grande partie des textes choisis par les entreprises en vue de leurs relations publiques (PR). Les situations discursives de ces textes sont spécifiques, parce qu'ils sont médiatisés, ce qui rend essentiel d'analyser leur rapport d'appartenance au genre des communiqués de presse traditionnels. Une telle analyse porte sur l'étude d'une distinction entre les communiqués électroniques et ceux sur supports imprimés quant aux éléments constitutifs tels que le medium, la rhétorique, le contenu, la structure (la structure des traits: « move structure » selon Bhatia) et le but communicationnel.

    Comme l'analyse discursive comprend une analyse de la situation discursive selon l'approche d'analyse du discours de Fairclough (1992), l'analyse des communiqués en ligne implique aussi la question de genre des sites.

    Le texte qui suit traite le problème du genre des communiqués présentés sur les sites des entreprises. Premièrement seront discutées la notion même de genre et le genre des sites. L'analyse s'attachera aussi à distinguer les communiqués d'entreprise en ligne en fonction de l'hypothèse selon laquelle les entreprises utilisent leur site avec des stratégies différenciées, à savoir la création d'image et le marketing. En ce qui concerne le genre des communiqués nous l'étudirons d'après la définition de genre de Bhatia (1993) et de Frandsen et al. (1997). Les caractéristiques des communiqués seront comparées aussi à la définition de genre et au but communicationnel de la lettre de promotion de Bhatia.

De par le fait qu'une étude de genre implique une étude rhétorique, il est essentiel de présenter quelques exemples de stratégies rhétoriques. Les exemples sont choisis à titre illustratif seulement, de même qu'il n'est pas l'intention de ce texte d'élaborer des statistiques ou des généralités, mais de donner des exemples d'aspects rhétoriques analysés à la base de 16 textes authentiques. Ces communiqués ont été diffusés sur les sites de quelques entreprises des branches électroniques, de télécommunication et de transport.

2. La notion de genre

Traditionnellement, on classe les communiqués dans un seul genre malgré leur complexité et leur occurrence dans les journaux ou sur le Net. Selon une approche d'analyse du discours, il est pertinent pour l'étude de genre d'analyser le mode de la production, de la distribution et de la réception des textes (Fairclough 1992 : 126). Mais d'un point de vue discursif et rhétorique il est nécessaire aussi de discuter la notion même de genre.[1]

Si on regarde un genre comme un ensemble de stratégies coventionnelles plus ou moins stables, les interlocuteurs, en s'appuyant sur les conventions des genres, obtiennent presque une compréhension mutuelle de leur communication. Regardé de ce point de vue, un genre est un phénomène dynamique, c'est-à-dire que des conceptualisations potentielles s'actualisent dans les énoncés et les contextes spécifiques. Les genres sont des actes sociaux, selon Noerholm Just (2002 : 70) qui explique dans son article la perspective rhétorique de l'étude de genre à partir des théories de Campbelle et Jamieson (1978) qui poursuivent les théories d'Aristote en disant que

> *the rhetorical forms that establish genres are stylistic and substantive responses to perceived situational demands* (Ibid.19)

Campbelle et Jamieson indiquent en outre que la plupart des textes ont plusieurs fonctions, et pas seulement celle qui constitue le genre, et que chaque énoncé constitue une fusion dynamique de traits réalisant alternativement ces fonctions (Ibid. 21). Une telle approche de la notion de genre est pragmatique et fonctionnelle. En effet, le genre est conçu comme un ensemble de conventions disponibles pour le destinateur dans son élaboration d'un énoncé selon l'intention, le destinataire et la situation.

Dans son article *Rhetorical Community : The Cultural Basis of Genre* (1994), Miller discute aussi la relation entre genre et rhétorique d'un point de vue pragmatique,

---

[1] Une discussion approfondie de l'étude de genre et des relations entre genre et rhétorique n'est pas le sujet de cet article, même si elle est très pertinente et si elle a été le sujet de beaucoup de travaux récemment (cf. Freedman & Medway (1994), Genre and the New Rhetoric; Rhetorica Scandinavica no 18, 2001).

mais développe les points de vue de Campbell et Jamieson en disant que les situations, comme les énoncés, sont uniques et ne deviennent reconnaissables et significatives qu'en entrant dans des processus dynamiques avec des conventions et des attentes déjà établies pour faire partie des réseaux de conceptualisations sociales. Miller définit la notion de genre ainsi :

> *Genre we can understand specifically as that aspect of situated communication that is capable of reproduction, that can be manifested in more than one situation, more than one concrete space-time. The rules of a genre provide reproducible speaker and addressee roles, social typifications of recurrent social needs or exigences, topical structures (or 'moves' and 'steps'), and ways of indexing an event to material conditions, turning them into constraints or resources.* (Ibid. 71)

D'après Miller, il est alors impossible de rendre significatif un énoncé ou une situation qui ne s'appuie pas sur des conventions et sur des communautés préétablies.

Pour mener des analyses discursives et rhétoriques, il faut donc analyser les intentions des énoncés, leurs réalisations dans des situations concrètes, les conditions de la réception du texte et les conventions du genre. C'est-à-dire qu'il faut analyser les conventions sociales et communicatives afin de comprendre la ou les fonctions des énoncés. Comme le dit Villadsen (2001 : 48) les études de genre permettent de révéler les conventions dominantes et les signes individuels qui sont constitutifs pour les énoncés d'un discours spécifique. Dans cette perspective, les études de genre nous offrent la possibilité d'analyser les différences et les ressemblances entre des textes qui se différencient de plusieurs façons en focalisant sur la fonction du discours.

L'article propose d'analyser la situation contextuelle des communiqués en ligne afin d'identifier les caractéristiques de genre propres aux sites Web d'entreprises.

3. Les sites Web

3.1 Le genre des sites Web

Le Net, qui possède des particularités, se différencie des mass-média traditionnels et offre de nouvelles possibilités tant aux entreprises qu'aux personnes privées. La construction de l'image de l'entreprise, la présentation de celle-ci et la présentation de produits sont traditionnellement la fonction d'autres genres comme les brochures d'image ou de produits ou une combinaison des deux. Les brochures comme les lettres de promotion et les lettres d'information sont toujours des voies importantes pour la publication de nouvelles des entreprises, mais elles sont maintenant complétées par les sites Web qui sont chargés d'une grande quantité d'informations et qui, d'un point de vue d'étude de genre, sont assez complexes.

Le site Web est le médium qui propose à l'entreprise de présenter des informations sous forme d'hypertextes selon Nielsen (2000: 2). Les analyses des caractéristiques de ces textes montrent qu'ils sont vraisemblablement dignes d'être catégorisés sous un super-genre qui en lui-même n'a pas d'équivalent parmi les genres traditionnels, mais qui contient beaucoup de sous-genres qui sont plus ou moins identiques aux genres traditionnels qu'utilisent les entreprises, par exemple les brochures, les communiqués de presse et les rapports annuels (Ibid.).

Les sites Web se subdivisent selon Dillon et Gushorowski (in : Marco 2002 : 41) en « *personal home pages* » et en « *corporate home pages* » et selon Kotler (Nielsen op.cit. 2) les « *corporate home pages* » se subdivisent en « *corporate web-sites* » (site Web d'image) qui présente l'image de l'entreprise et en « *marketing web-sites* » (site Web marketing) dont le but est la communication interactive entre l'entreprise et les clients et la vente de produits. Le site Web marketing est très proche du concept de « direct marketing ». Les sites analysés pour ce texte sont des sites d'image et des sites marketing des entreprises, parce que les communiqués figurent sur les deux sites.

Comme médium les sites Web se distinguent des textes traditionnels et linéaires par leur interactivité, leur actualité et leur dynamisme qui se manifeste par une transformation continue, ainsi que par le fait qu'ils sont globaux et audiovisuels. La diffusion rapide et économique d'informations est une des fonctions importantes des sites Web.

Marco (2002) qui a analysé 72 sites Web dans l'intention de décrire les éléments caractéristiques des sites d'image signale que selon Mannion et Sullivan (1999) les sites Web ont une double fonction : « *image creating tools* » et « *gatekeepers to control information about the compagny* » (Marco op.cit. 41). Ces caractéristiques sont comparables à l'expression de Fairclough (1992) « *hybrid information-and-publicity (or telling and selling discourse)* » qui représente un nouveau type de discours constitué par plusieurs types connus.

En ce qui concerne les caractéristiques d'un genre, Bhatia (1993 : 13) considère les buts communicationnels comme essentiels, car ils déterminent la structure des traits, le style et le contenu du genre.

Cependant cette définition semble difficilement applicable aux sites Web qui sont construits par plusieurs textes ayant chacun leurs buts communicationnels et leurs structures de traits spécifiques. Néanmoins, presque tous les sites ont pour but d'informer et de créer le contact ce qui est rendu possible par l'interactivité. Ces buts généraux et le postulat selon lequel les sites n'ont pas de structure constituante, parce qu'ils consistent en plusieurs textes de genres différents, semblent insuffisants. Nielsen (2000 : 4) souligne que le trait de « navigation »[2] est dominant et qu'il a une fonction métacommunicative en guidant le récepteur dans sa recherche d'informations. Ce

---

[2] Nommé aussi "le navigateur" (Nielsen, op.cit.).

trait ressemble aux tables des matières, aux références etc., et plus le site est complexe, plus ce trait est dominant (Ibid.).

D'autres éléments caractérisant les sites Web sont décrits par Marco (Op.cit. 43-49) qui les a groupés selon leurs fonctions :

> a) creating a positive image of the company
> b) introducing and offering products
> c) strengthening the relation with the customer
> d) asking and giving information about the page itself

Les éléments des groupes a) et b) sont surtout intéressants pour les études des communiqués étant donné que ces groupes, outre les slogans, renferment toutes les informations sélectionnées par l'entreprise.

Traditionnellement, les journalistes jouent le rôle de « *gatekeepers* » (Jacobs 1999 : 137) des communiqués de presse afin de s'assurer un certain niveau d'informations factuelles, mais, en ce qui concerne les communiqués sur Internet, il est plutôt question de « *newsmanagement* », car ce sont les entreprises elles-mêmes qui décident du contenu et du caractère des informations dignes de publication.[3]

Sur la plupart des sites Web analysés par Marco il y a une présentation de l'entreprise contenant une évaluation positive et une focalisation sur le style de management, l'importance et les expériences de l'entreprise. Une rubrique ou une série de titres des dernières nouvelles avec des liens à des textes complets, par exemple les communiqués, sélectionnés par l'entreprise, sont aussi disponibles, et ces textes racontent uniquement des aspects positifs de l'entreprise. Sur ces sites les entreprises expliquent leur opinion sur certains événements survenus, comme c'est le cas quant aux communiqués qui traitent des fusions et des acquisitions (cf. Strunck 2002a). Sur quelques sites Web, il y a des liens avec un lieu d'information où le lecteur trouve des renseignements complémentaires sur l'entreprise et ses produits, et de temps en temps il y a des liens avec un secteur d'économie qui présente normalement le dynamisme et le développement de l'entreprise.

3.2 La fonction et les buts communicationnels des sites Web

Selon Mannion et Sullivan la mise en ligne d'informations est la fonction la plus importante des sites Web des entreprises (Marco, op.cit : 44-45), mais comme c'est le cas pour les communiqués, qui composent un genre complexe, les sites Web des entreprises ont d'autres buts que celui d'être informationnel. Il s'agit aussi de persuader les destinataires, clients ou investisseurs. Dans ce but le contenu des sites véhicule uniquement des informations et des évaluations positives de l'entreprise et de ses produits.

---

[3] Pour de plus amples analyses des communiqués, voir Strunck (2002 a).

L'alinéa précédent a proposé de considérer les sites Web comme un genre composé de plusieurs genres et pas comme un genre spécifique aux caractéristiques déjà établies. Il conviendrait de parler d'un super-genre. A partir de cette hypothèse, ce genre serait équivalent aux genres promotionnels comme la brochure, la lettre promotionnelle, les annonces publicitaires et les lettres d'information.

Les stratégies promotionnelles des sites Web sont mises en évidence par le vocabulaire évaluatif utilisé afin de faire une présentation positive de l'entreprise, de ses produits et de ses services avec l'intention d'attirer l'attention des clients et des investisseurs. La non-linéarité des sites constitue une autre particularité dont la fonction est de créer des liens avec d'autres pages et d'autres hypertextes. Le trait de navigation réalise ce but et facilite l'accès aux informations selon les intérêts des lecteurs, mais aussi selon les possibilités sélectionnées par l'entreprise. C'est pourquoi les lecteurs n'ont pas de choix concernant la page d'accueil du site qui est réservée à une présentation des informations les plus importantes pour l'image de l'entreprise.

4. Le genre des communiqués

Étant donné la situation discursive des communiqués (le site Web avec ses particularités) l'image de l'entreprise sur le site est le résultat d'une création compositionnelle stratégique qui inclut des discours de plusieurs genres ayant des buts communicationnels spécifiques.

Le genre des communiqués, qui fait parti des genres présentés sur les sites, est traditionnellement défini par ses buts communicationnels qui sont l'information d'événements et la création d'image. La définition du genre « communiqué de presse » provient des études de Bhatia (1993 : 13) concernant les définitions de genre générales :

> *... the nature and construction of a genre (...) is primarily characterized by the communicative purpose(s) that it is intended to fulfil. This shared set of communicative purpose(s) shapes the genre and gives it an internal structure. Any major change in the communicative purpose(s) is likely to give us a different genre ; however, minor changes or modifications help us distinguish sub-genres.*

L'aspect le plus intéressant de ces définitions générales est sans doute le dernier énoncé qui ouvre la voie à une catégorisation des communiqués en ligne en sous-genres.

En supposant que les sites d'image ont pour but primordial de créer l'image et que les sites marketing ont pour but de présenter des produits, nous pouvons présumer que les communiqués sélectionnés pour ces sites ont les mêmes buts et que c'est la persuasion, et non l'information, qui s'avère le but essentiel. La question est alors de savoir comment sont réalisés discursivement les buts et s'il est justifié de catégoriser les communiqués en ligne en sous-genres, par rapport à la définition traditionnelle du genre, à la base d'une analyse du discours prenant en considération la situation discursive spécifique que constitue le site Web.

Pour répondre à ces questions nous étudierons par la suite la structure des traits des communiqués traditionnels par rapport à celle des communiqués sur les sites d'image et à celle des communiqués sur les sites maketing. Ensuite les buts et les structures des traits des communiqués en ligne seront comparés à ceux de la lettre promotionnelle étant donné que le but de ce genre est persuasif selon Bhatia (Op.cit : 45). Conformément aux idées de ce texte, quelques résultats d'une analyse rhétorique et discursive des 16 textes seront enfin récapitulés en vue d'étudier comment sont réalisés les buts communicationnels des communiqués en ligne.

4.1 La structure des traits

Dans leur livre de 1997 Frandsen et al. proposent (p. 239) 5 traits qui sont conventionnels quant à la structure des traits des communiqués de presse traditionnels :

- indication du genre
- résumé des informations les plus essentielles
- approfondissement des informations
- personnes ou adresses à contacter
- annexes éventuelles

En ce qui concerne le trait « résumé des informations les plus essentielles » et le trait « approfondissement des informations » on peut objecter qu'ils sont d'un ordre si général qu'ils sont valables pour la plupart des articles journalistiques. Dans cette optique les deux traits ne sont pas prépondérants dans la description des traits qui constituent un genre.

Il ressort de notre analyse des 16 communiqués en ligne qu'ils présentent des écarts avec la structure conventionnelle énumérée ci- dessus. Aussi, l'analyse apporte des divergences entre les communiqués sur les sites d'image et les communiqués sur les sites marketing.

4.1.1 La structure des traits des 10 communiqués sur les sites d'image

- Le genre est indiqué dans un seul texte. Dans les autres occurrences, le genre est indiqué dans un menu ou sur une liste sur le site (le navigateur) ou il n'est pas indiqué du tout.

- L'indication d'adresses ou de personnes à qui s'adresser ne figure dans aucun des 10 textes. Les raisons en sont la composition du site, qui contient des liens avec d'autres sections informationnelles, et le fait que ces textes ne sont pas destinés à l'élaboration des journalistes.

- Le trait « annexes » n'existe pas dans les 10 textes puisque les renseignements complémentaires et les photos se trouvent dans d'autres sections du site.

4.1.2 La structure des traits des 6 communiqués sur les sites marketing

- Le genre est indiqué dans 2 textes. Comme c'est le cas pour les communiqués sur les sites d'image, le genre est indiqué par le navigateur quant aux autres occurrences.

- L'indication d'adresses ou de personnes à qui s'adresser est présente dans 4 des 6 textes ce qui s'explique par le but communicationnel de présenter les produits (l'aspect persuasif).

- Le trait « annexes » n'existe pas dans les 6 textes et comme c'est le cas pour les communiqués sur les sites d'image, cela est dû au fait de la composition du site.

Les traits « résumé » et « approfondissement des informations » sont communs à tous les communiqués en ligne et sont identiques à ceux des communiqués de presse destinés aux journaux.

Il est à remarquer aussi qu'en ce qui concerne les communiqués sur les sites marketing la date de la publication est présente dans toutes les occurrences, mais ne l'est que dans la moitié des textes sur les sites d'image. Cette divergence s'explique par le fait que les communiqués sur les sites d'image ont plutôt la fonction de créer une image positive de l'entreprise indépendamment de l'actualité.

4.2 La fonction des communiqués en ligne et de la lettre promotionnelle

Selon les réflexions de l'alinéa 4 nous pouvons supposer que les buts des communiqués en ligne correspondent aux buts des sites Web, c'est-à-dire la création d'image et la présentation de produits, contenant tous les deux un but persuasif.

Dans cet ordre d'idée il est probable que les communiqués en ligne ont des similitudes avec la lettre promotionnelle qui partage le but persuasif. Bhatia (Op.cit. : 45) définit une ligne d'objectifs de la lettre promotionnelle :

- persuade the customers to buy a product or service
- capture the attention of the potential customer
- offer an appraisal of the product or service
- the letter must be short and effective
- serve as the first link between customer and seller /
  encourage further communication between the two parties

En ce qui concerne les buts « persuade the customers to buy a product or service » et « offer an appraisal of the product or service » ils s'appliquent parfaitement aux communiqués sur les sites marketing qui ressemblent au concept de « direct marketing » et aux annonces publicitaires.

Les buts « capture the attention of the potential customer » et « serve as the first link between customer and seller / encourage further communication between the two parties » correspondent aux buts des sites d'image et des sites marketing ainsi qu'aux buts des communiqués présentés sur les deux sites. Le dernier but « the letter must be short and effective » représente le seul but adéquat autant aux communiqués en ligne qu'aux communiqués à destination des médias traditionnels.

Même si les communiqués en ligne et la lettre promotionnelle ont beaucoup de buts similaires, leurs structures des traits, qui réalisent les buts, se différencient ce que montre la citation de la structure de la lettre promotionnelle:

- Establishing credentials
- Introducing the offer
- Offering incentives
- Enclosing documents
- Soliciting response
- Using pressure tactics
- Ending politely
        (Bhatia, 1993 : 46-49)

La comparaison des buts et des structures des traits de la lettre promotionnelle et des communiqués en ligne, autant dans les communiqués d'image que dans les communiqués marketing, montre que les caractéristiques des communiqués en ligne n'ont qu'une similarité partielle avec la lettre promotionnelle, mais que les caractéristiques des communiqués d'image et des communiqués marketing se différencient aussi sur certains points.

L'analyse de la situation discursive, des buts communicationnels et de la structure des traits des communiqués en ligne indique des caractéristiques spécifiques qui signalent que ces communiqués sont probablement à considérer comme un sous-genre par rapport à la définition conventionnelle des communiqués de presse.

Afin d'éclaircir la problématique de genre des communiqués en ligne, nous synthétiserons à l'aide d'exemples les résultats de nos analyses des stratégies rhétorico-discursives des 16 textes authentiques.

5. Stratégies discursives et rhétoriques

Les communiqués sur les sites Web sont sélectionnés et publiés par l'entreprise afin d'être à la disposition des clients et des investisseurs pour des informations détaillées sur les produits et les évènements importants pour l'entreprise. A l'aide du navigateur les destinataires sont guidés vers ces informations qui contribuent, par leurs évaluations positives, à l'accomplissement des buts : présenter des innovations et créer une bonne image de l'entreprise.

Les versions choisies des évènements sont réalisées par la représentation de discours d'ordre différent dans les communiqués, et la contribution de l'interdiscursivité à la présentation de produits ou d'images est constituée par les stratégies rhétoriques de « mise en scène », de « modalité », de « actes de parole » et de « nominalisation ». L'analyse des stratégies rhétoriques démontre aussi comment l'aspect persuasif du discours est effectué par « logos », « ethos » et « pathos » et comment les éléments de « compétence », de « caractère » et de « présence » de l'ethos sont représentés dans les textes pour faire ressortir des images crédibles des entreprises.

Comme il est question autant de communiqués sur les sites d'image que de communiqués sur les sites marketing, les stratégies discursives et rhétoriques des deux groupes de textes seront présentées séparément par la suite.

5.1 Les stratégies rhétorico-discursives des communiqués d'image

5.1.1. L'interdiscursivité

Les discours représentés dans les 10 communiqués d'image se groupent en deux catégories supérieures : les discours de type « nouvelles » et les discours promotionnels. Ces deux catégories sont conformes aux buts du communiqué de presse traditionnel : la diffusion de nouvelles et les relations publiques. La catégorie qui a été nommée « discours de nouvelles » renferme, par exemple, les discours d'entreprise concernant les fusions et les acquisitions ainsi que les discours économiques comme l'illustrent les exemples ci-dessous :

(1) Consignia acquiert une entreprise danoise de coursiers (Consignia 30/5 2001)

(2) Consignia devient actionnaire majoritaire (Ibid.)

(3) L'acquisition de ces parts dans Stafetten représente un investissement initiale de près de deux millions de livres sterling (Ibid.)

(4) ... un chiffre d'affaire annuel approchant les cinq millions de livres sterling (Ibid.)

Au premier abord ces discours apparaissent informationnels et s'inscrivent dans le processus d'internationalisation auquel participent les entreprises actuellement. Mais les discours économiques des exemples (2), (3) et (4) démontrent aussi une capacité économique qui suscite une évaluation positive introduisant des discours promotionnels comme par exemple :

(5)   Ce développement renforce la présence de Consignia sur le marché danois (Ibid.)

(6)   Devoteam et Siticom se rapprochent pour créer le leader européen du conseil en infrastructures & e-business (Siticom 6/3 2002)

(7)   La convergence des savoirs-faires favorisera le développement des prestations de conseil à forte valeur ajoutée et dynamisera le volume d'affaires réalisé par la nouvelle structure. Le groupe pourra ainsi mieux accompagner ses clients dans toutes les phases de leurs projets... (Ibid.)

Les exemples montrent que la catégorie des discours promotionnels consiste autant en discours économiques qu'en discours marketing qui ajoutent à la valeur des entreprises et réalisent une consolidation de la clientèle.

La catégorie des discours promotionnels renferme en outre les discours marketing qui sont représentés par ce que Jacobs (1999 :166) a nommé « *selfquotations* » dans lesquels les parties en cause actualisent des discours en faveur de l'acquéreur. Ces discours apparaissent par l'usage de pathos, par la présentation des actants et de leurs compétences de façon à ce qu'ils contribuent à la création d'un ethos positif de l'acquéreur :

(8)   Nous sommes très satisfaits de la qualité des premiers contacts qui démontrent une forte implication et motivation de part et d'autre. C'est le premier facteur clé de succès d'une telle opération, souligne Godefroy de Bentzmann [l'acquéreur] (Siticom 15/4 2002)

(9)   Le processus d'intégration se déroule de manière optimale et les premières affaires obtenues par Siticom grâce aux forces commerciales de Devoteam témoignent déjà de la pertinence du projet industriel, déclare Bernard Tanguy [le vendeur] (Ibid.)

L'analyse de la représentation des discours de nouvelles et des discours promotionnels montre une prédominance des discours promotionnels et l'intégration des discours de nouvelles dans les stratégies promotionnelles des textes.

5.1.2 Les stratégies rhétoriques
L'une des stratégies qui contribue à la constitution des discours donnés en exemple est la mise en scène de l'acquéreur en sujet actif dont le nom est mentionné déjà dans le paratexte et dans les premiers alinéas des textes :

(10) Siticom Group a pris une participation de 20% dans la société Netcom Technologies Maroc (Siticom, janvier 2002)

(11) L'Assemblée Générale des Actionnaires de Devoteam a approuvé l'acquisition d'un bloc d'environ 57% du capital de Siticom Group (Siticom 15/4 2002)

La société acquise, par contre, joue le rôle inactif d'objet ce qui accentue la position de l'acquéreur comme thème supérieur du texte. Le plus souvent le sujet est constitué par des groupes nominaux (ex. (10) + (11)) quand il est introduit dans le paratexte ou quand il apparaît dans le trait « résumé des informations les plus essentielles » tandis que l'agent est parfois omis dans le trait « approfondissement des informations » comme le montrent les exemples (12) et (13) :

(12) Six semaines après l'annonce du rapprochement (Ibid.)

(13) Cette prise de participation minoritaire (Siticom, janvier 2002)

L'agent omis dissimule la partie responsable, l'acquéreur, et anticipe en conséquence sur des évaluations négatives éventuelles.
La société qui a dû céder une partie de son capital social ou qui a été acquise est décrite par un acte de parole de type « assertif » dans la modalité objective :

(14) Netcom Technologies Maroc ne sera pas intégré dans le périmètre de Siticom Group (Ibid.)

(15) Pakketrans, une entreprise de distribution de colis en 24/48 heures (Consignia 30/5 2001)

La description de l'acquéreur est réalisée, par contre, par un acte de parole de type « expressif » ce qui appuie l'argumentation en faveur d'un ethos positif :

(16) La mise en œuvre du rapprochement se traduira par une amélioration des performances opérationnelles du nouveau groupe au travers de gains de parts de marché, d'une meilleure visibilité de la marque et d'une compétitivité accrue sur des segments à forte valeur ajoutée (Siticom 6/3 2002)

(17) Cette acquisition démontre de nouveau la capacité de croissance de Consignia sur le marché européen où nous exploitons déjà le seul réseau intégré de distribution de colis (Consignia 30/5 2001)

L'analyse des stratégies rhétoriques montre que, en ce qui concerne la mise en scène, la modalité, les actes de parole et les nominalisations, les stratégies rhétoriques constituent des discours qui travaillent pour la création d'une image et d'un ethos positifs de l'acquéreur. Aussi, l'analyse de l'interdiscursivité et des stratégies rhétoriques qui la constituent montre que les discours de nouvelles contribuent à la promotion de l'image de l'acquéreur.

5.2 Les stratégies rhétorico-discursives des communiqués marketing

5.2.1 L'interdiscursivité

En ce qui concerne les 6 communiqués présentés sur les sites marketing, les discours qui réalisent les buts communicationnels (information de nouvelles et PR) se groupent dans deux catégories qui sont identiques aux deux groupes de discours des communiqués d'image, à savoir : les discours de type « nouvelles » et les discours promotionnels. Mais les discours des textes actuels se différencient quant au contenu de la catégorie de nouvelles en s'agissant des présentations de produits, non d'événements survenus comme c'est le cas pour les communiqués d'image. Les communiqués marketing ressemblent, comme il a été déjà mentionné, au concept de « direct marketing » et à la lettre promotionnelle quant aux buts communicationnels de « capture the attention of the buyer », « appraisal of the product » et « persuade the customer to buy the product ».

La catégorie des discours de type « nouvelles » contient des discours techniques concernant le fonctionnement et la capacité des produits ou services nouveaux (la fonction référentielle de Jakobson), ce que montrent les exemples suivants :

(18)   Le système de mesure de l'emplacement de stationnement de Valeo, qui permet au conducteur de savoir si son véhicule peut ou non s'insérer dans un espace donné, a été sélectionné par deux constructeurs automobiles européens. (Valeo 1/10 2002)

(19)   Ce boîtier est un bloc de contrôle électronique autonome monté en série sur le câble positif de la batterie. Le système électronique breveté qui équipe ce boîtier permet de surveiller l'état de charge et de la batterie... (Valeo 4/10 2002)

(20)   Projet pilote pour le groupe, l'application offre des fonctionnalités allant du simple bureau mobile à la réalisation de devis en ligne. Parfaitement intégrée au Système de Gestion de la Relation Client du groupe, cette application fonctionne en mode GPRS. (Micropole-Univers 26/2 2002)

Ces discours techniques sont présents dans les traits « résumé des informations essentielles » et « approfondissements des informations », mais même s'ils sont à première vue informationnels, ils précisent uniquement les avantages des produits, et dans la plupart des occurrences ils précèdent les discours promotionnels :

(21) Localiser les hôtels les plus proches de l'endroit où l'on se trouve, (....) Support d'information unique, le guide électronique apporte un contenu personnalisé et actualisé (...). (France Télécom 8/10 2002)

(22) Les décharges ou la consommation au repos, sont contrôlées ce qui contribue largement à l'amélioration de la fiabilité et de l'intégrité du système électrique (Valeo 4/10 2002)

La catégorie des discours promotionnels est plus large que la catégorie de discours de type « nouvelles » dans les communiqués marketing dont la fonction supérieure est la persuasion. Dans les exemples suivants, les discours promotionnels concernent les produits ou services et l'image des entreprises:

(23) Le portail Egora.fr se situe parmi les sites spécialisés les plus fréquentés avec plus de 55.000 inscrit et près de 700.000 pages vues par mois. (France Télécom 17/9 2002)

(24) Pour la première fois en France, France Télécom R&D expérimente à Lyon jusqu'au 15 novembre prochain un nouveau concept (France Télécom 8/10 2002)

(25) Micropole-Univers développe un intranet mobile pour les commerciaux Carglass (Micropole-Univers 26/2 2002)

(26) Dans ce cadre, le Contrôle de Gestion Central (...) a confié à MICROPOLE-UNIVERS la réalisation d'une solution décisionnelle destinée à répondre à ces attentes. (Micropole-Univers 8/10 2002)

(27) Valeo a annoncé aujourd'hui une innovation majeure dans l'optimisation des performances des batteries ainsi que la fiabilité des réseaux électriques (Valeo 4/10 2002)

(28) Valeo améliore le confort et la confiance des automobilistes grâce aux contrats remportés pour ses systèmes de détection (Valeo 1/10 2002)

Les discours promotionnels sont représentés dans les paratextes aussi bien que dans les traits « résumé » et « approfondissements des informations », et ils contribuent à la création d'image des entreprises, des services et des produits en utilisant aussi, comme nous l'avons vu pour les communiqués d'image, les « selfquotations / pseudodirect speech » :

(29) Ces contrats prouvent à quel point les constructeurs sont convaincus de l'importance des fonctions d'assistance au conducteur (...), déclare Thierry Morin (Valeo 1/10 2002)

(30) L'adhésion des utilisateurs a été forte ; ils se sont rapidement et complètement approprié l'outil, déclare Claire de Metz-Noblat (Micropole-Univers 8/10 2002)

Il n'est pas surprenant que la catégorie des discours promotionnels compose la stratégie discursive la plus importante des communiqués marketing tandis qu'il est remarquable que les discours de type « nouvelles » fassent partie de la promotion tant en ce qui concerne les communiqués marketing que les communiqués d'image.

Pour vérifier ces thèses l'alinéa suivant montre les résultats d'une analyse des stratégies rhétoriques qui constituent les discours promotionnels des 6 communiqués marketing.

5.2.2 Les stratégies rhétoriques
La mise en scène du thème le plus essentiel représente une stratégie qui contribue à la constitution des discours des communiqués.

En ce qui concerne les communiqués d'image, l'acquéreur d'une entreprise est mis en scène comme le sujet actif quand il s'agit de la promotion d'une action favorable à son entreprise, mais il est mis en scène par des nominalisations (ou l'agent est omis) quand il est question des actions hostiles.

Quant à la mise en scène, les produits, les services ou le nom de la société ont le rôle du sujet actif représenté en tant que tel dans les communiqués marketing tandis qu'il n'y a pas d'objet passif (cf. (23), (24), (25) par ex.). Cette stratégie est relative à l'importance de l'accentuation des compétences de l'entreprise et de son image.

En accord avec les buts des 6 textes, les actes de paroles les plus représentés sont des expressifs du type :

(31) Ce nouveau système améliore considérablement le confort et la confiance du conducteur (Valeo 1/10 2002)

(32) Le système sera un outil indispensable (Ibid.)

Aussi, dans cette catégorie de textes, la figure rhétorique de répétition est une stratégie qui vient renforcer l'excès de mots positifs. Les répétitions concernent le nom de l'entreprise et les produits ou services sur lesquels focalisent les textes. Dans le communiqué 'Valeo 1/10 2002', qui est de 2 pages, l'innovation qu'on souhaite promouvoir, à savoir un système de mesure de l'emplacement de stationnement, se répète comme suit :

> Le système de mesure de l'emplacement [6 fois]
> Ce nouveau système [8 fois]
> Le système [3 fois]

Cette figure de répétition est présente dans tous les textes où la répétition d'énoncés concernant le futur et l'innovation sont aussi prédominants. Il s'agit surtout des énoncés suivants :

> Futur, nouveau, innovation, innovant demain, à l'avenir, prochaine génération

La précision du caractère innovateur et des titres des entreprises évalue de façon positive l'image des entreprises, et la répétition de la capacité au côté produit renforce la compétence des produits et des entreprises. Ces stratégies participent à la création de l'ethos des entreprises et influent sur l'évaluation positive des clients.

L'analyse des discours des communiqués marketing démontre la prédominance des discours promotionnels qui sont constitués par des stratégies rhétoriques qui renforcent leur fonction persuasive et parmi lesquelles la figure de répétition est importante.

6. Conclusions

Selon la définition de Bhatia il est possible de catégoriser les textes d'un genre en sous-genres si les buts communicationnels des textes sont modifiés.

L'article a traité la question du genre des textes médiatisés, les communiqués sur les sites Web des entreprises, qui se différencient des communiqués traditionnels. L'analyse des textes donne à voir une caractéristique des sites Web qui possèdent des particularités les séparant des genres de textes linéaires et qui indique le besoin d'une définition approfondie. Les communiqués présentés sur les sites sont groupés en deux catégories : les communiqués d'image qui sont publiés sur les sites qui présentent l'image de l'entreprise, et les communiqués marketing qui présentent les produits de l'entreprise.

La définition traditionnelle des communiqués de presse signale deux buts communicationnels : les informations de nouvelles et les relations publiques. Ces buts ont été le point de départ de l'analyse des communiqués en ligne de l'article. Tant en ce qui concernent les communiqués d'image que les communiqués marketing, l'analyse des structures des traits, des buts communicationnels, des discours représentés et des stratégies rhétoriques a montré que ces textes se distinguent des communiqués traditionnels, mais qu'ils se différencient aussi de la lettre promotionnelle dont la fonction persuasive est identique à celle des communiqués médiatisés. Les deux catégories ont chacune leurs spécificités, mais elles ont aussi beaucoup de similarités, ce qui amène à les considérer comme un seul et unique sous-genre.

Références bibliographiques

Bhatia, V.K. (1993), *Analysing Genre*, Longman, London/New York

Campbelle, K.K. & Jamieson, K.H. (eds) (1978), *Form and Genre. Shaping Rhetorical Action*, The Speech communication, Falls Church, VA

Fairclough, N. (1989), *Language and Power*, Longman, London

Fairclough, N. (1992), *Discourse and Social Change*, Cambridge : Polity Press

Fairclough, N. (1995), *Critical discourse Analysis*, Longman, London

Frandsen, F. , Johansen, W. & Nielsen, A.E. (1997), *International Markedskommunikation*, Systime

Jacobs, G. (1999), *Preformulating the News. An Analysis of the Metapragmatics of Press Releases*, John Benjamins, Amsterdam/Philadelphia

Just, S. Nørholm (2002), Retorisk forstaaelse og brug af genrebegrebet, in : *Sprint no 1*, Handelshoejskolen i København, 2002

Mannion, A.F. & Sullivan, J. (1999), What are the functions of corporate home pages ?- Insights from the innovation diffusion literature, *Journal of World Business, 34 (2)*, pp. 193 - 210

Marco, M.J.L. (2002), A Genre Analysis of Corporate Home Pages, in : *LSP & Professional Communication vol 2 no 1*, April 2002, Copenhagen

Miller, C. R. (1994), Rhetorical Community : The Cultural Basis of Genre, in : *Genre and the New Rhetoric*, Freedman, A. & Medway, P. (eds), 1994, Taylor and Francis, Uk & USA

Nielsen, A.E. (2000), *Virksomhedspræsentation på World Wide Web*, http://www.jmg.gu.se/fsmk/papers/Nielsen.html

Roulet, E., Filliettaz, L., Grobet, A. & Burger, M. (2001), *Un modèle et un instrument d'analyse de l'organisation du discours*, Sciences pour la communication no 62, Peter Lang, Bern

Strunck, J. (2002 a), Pressemeddelelsen som imageskabende og krisesl ørende tekst ved virksomhedsopkøb, in : Horsbøl, Lassen & Strunck, *Konstruktioner, konflikter og kommunikative strategier – Kritiske studier af diskurs*, pp. 7 - 20, Arbejdspapirer no 30, Inst.for Sprog og Internationale Kulturstudier, Aalborg Universitet

Strunck, J. (2002 b), Diskursive strategier i genren pressemeddelelse på hjemmesider, in : Firth, A. (ed), *Language Travels. A Festschrift for Torben Vestergaard*, Publication of the Department of Languages and Intercultural Studies, vol 39, Aalborg University, 2003

Villadsen, L.S. (2001), Genrebegrebet og retorisk kritik, in : *Rhetorica Scandinavica nr.18*, 2001

Appendices : liste de communiqués analysés

www.royalmailfr.com
Consignia acquiert une entreprise danoise, 30 mai, 2001
Consignia: Le nouveau nom, (date?)
La Joint Venture entre Consignia, TPG et Singapore Post (date?)
La Nouvelle Denomination sociale de la Poste Britannique, 26 mars 2001
Parcelforce Worldwide et Post Office Counters (date?)

www.siticom.com
Devoteam et Siticom se rapprochent, 6 mars 2002
Devoteam et Siticom finalisent leur rapprochement, 15 avril 2002
Nouvelle acquisition ciblé et relutive pour Siticom Group, 20 juillet 2001
Nouveaux marchés pour Siticom Group, janvier 2002
Siticom Group réalise deux nouvelles acquisitions, 15 mai 2001

wwwft-vep.ext.fth.net/vfrance
France Télécom lance la nouvelle version d'Egora.fr, 17 sep. 2002
France Télécom expérimente un guide touristique, 8 oct. 2002

www.micropole.com
Micropole-Univers développe un intranet mobile, 26 févr. 2002
Micropole-Univers accompagne le développement, 8 oct. 2002

www.valeo.com
Valeo améliore le confort et la confiance, 1er oct. 2002
Valeo propose une solution innovante, 4 oct. 2002

Table des matières

Catherine Kerbrat-Orecchioni
Introduction   5

Søren Kolstrup
Intertextualité et « vidéos » de présentation des élections   27

Simon Eason
Idéologie et locutions adverbiales dans les opérations médiatiques de l'OTAN   53

Henning Nølke
La Scapoline : Introduction à la théorie SCAndinave de la POlyphonie LINguistiquE   67

Coco Noren
Le Discours Ecrit Représenté à l'Oral comme stratégie argumentative   89

Mathias Broth
La réalisation des images télévisées comme accomplissement social   107

Gunilla Von Malmborg
La spécificité de la métaphore journalistique   125

Jeanne Strunck
Le genre des communiqués sur Internet   133